Este livro é um retrato porque os factos aqui relatados são authenticos —apenas unidos, aqui e acolá, pela imperícia do meu engenho.

Talvez seja mais do que um simples retrato porque, em se tratando de cousas tão corriqueiras, colligindo, como material, vulgaridades deste jaez, eu precisei invadir o terreno da microphotographia, e pedir lentes possantes dos laboratórios de pesquisas atômicas o foco penetrante que a minha pobre caixa quadrada de retratista das figuras não possuía...

Hollywood
Uma História do Brasil

Fotos – Coleções particulares, domínio público, artigos de jornais e revistas antigas de coleções e consultas à Biblioteca Nacional.

Edição, capa e diagramação – Antonio Sonsin

Impressão – Amazon

Escrito por Antonio Sonsin, entre outubro e dezembro de 2016

revistaverdade@yahoo.com.br –11-998425611–Bragança Pta.

SO699H Sonsin, Antonio Francisco, 1958

Hollywood- Uma História do Brasil / Antonio Sonsin:
Bragança Paulista, PSI7 Printing Solution and Internet 7 S.A.
2017
228 p, 14X21
ISBN 978-85-471-0149-7

1-Literatura Brasileira 2 – Biografia. Sonsin, Antonio
1-título

CDD B869 - 920
CDU 82-3. 981

Antonio Francisco Sonsin

Hollywood: Uma história do Brasil

2ª edição

Bragança Paulista / SP
ArteSam
2017

Agradecimentos:

Carlos Russomano, pelas informações a respeito de sua convivência com Olympio Guilherme, quando criança, no Rio de Janeiro.

Bonina Moran, filha de Olympio, que me passou dados importantes das memórias do pai.

Dona Irene, que permitiu contar parte de sua vida.

Ana Paula, sempre presente ajudando a destrinchar e botar no papel.

Para: Jaci, Enzo, Rayra, Auana, Vicente e quem mais vier...

Motivação

Escrever um romance baseado na vida de um personagem como Olympio Guilherme é um desafio: fazem parte de sua história uma riqueza de personagens importantes e mundialmente conhecidos, locações que vão do interior paulista à capital do estado, dos Estados Unidos da América à nossa antiga Capital Federal.

A história da vida de Olympio é um passeio pela história do Brasil, desde o início da República, passando pelo Estado Novo, morte de Getúlio, até a ditadura militar.

Uma vida intensa com participação ativa nos principais eventos culturais e políticos de uma época de transformações.

Para escrever sobre esse personagem foi necessário conversar muito com pessoas que o conheceram, para entender seu pensamento diante de cada fato narrado e sua luta por uma mudança cultural no país.

Olympio se encaixa nos conceitos que formam aquilo que chamamos de intelectual, alguém que desempenha sua função como criador ou transmissor de ideias ou conhecimentos politicamente relevantes, em benefício da transformação da sociedade.

Um ideólogo nacionalista, que leva para a prática toda sua teoria transformadora.

É um personagem rico, por isso difícil de ser analisado e transportado para o papel.

Escrever sobre alguém que viveu a história é também conhecê-la sobre outro ângulo para, afinal, ter certeza, que ela, a história, se repete.

Os mesmos fatores que levaram à morte de Getúlio Vargas se repetiram com João Goulart e novamente com Dilma Roussef e Luiz Inácio da Silva.

As razões, as elites e a imprensa são as mesmas e provavelmente se repetirão no futuro.

Repete-se também a desesperança de quem luta por justiça social e contra a ignorância.

Mas sempre existirão outros na luta e, talvez, um dia, um deles vença.

Antonio Sonsin – O autor
Bragança Paulista, Outubro, 2016.

Prefácio

Os labirintos de Olympio Guilherme

O norueguês Henrik Ibsen, talvez o maior dramaturgo do século XIX, conseguia destrinchar de forma cruel as contradições de seus personagens. O que parecia não era, o jogo de enganos uma constante, ilusões e fracassos desenham a trilha obrigatória. No final o que permanecia eram fantasmas.

Toda vez que leio a biografia de uma pessoa, para mim fica sempre um gosto amargo. Necessariamente apresentam-se suas dores, fraquezas, indecisões e erros. Mesmo quando se trata de um nome sublime. Afinal de contas é apenas um ser humano.

Quando li as páginas deste livro, foi inevitável refletir sobre o que pensava e sonhava a criança e o jovem Olympio. Afinal pisei seus mesmos caminhos em volta dos trilhos da Bragantina, talvez os mesmos medos noturnos na luz mortiça de uma pequena cidade. E a interrogação, a esperança e o desconhecido do que a vida me concederia. Claro que isso aconteceu 40 anos depois. Mas não acredito que essa distância temporal tenha modificado substancialmente o quadro. Creio que nossos pensamentos eram parecidos. O que é natural para quem viveu no mesmo quadro cultural.

A vida prega peças! E o Olympio levou uma

destas rasteiras que realmente podemos chamar de magna, inacreditável. Escolhido como o "homem mais bonito do mundo" jogado em Hollywood, a maior fábrica de mentiras jamais criada pela fértil mente humana. Comeu o pão que o diabo amassou, mas a lição lhe serviu. Aprendeu muito de como funciona uma imprensa servil e enganosa. O melhor de tudo foi o cachorro Pisilão, que acabou sendo a companhia dos desesperados jovens brasileiros perdidos na Califórnia.

Mas deste período uma ausência ficou e pesada. O filme "Fome" que Olympio realizou, com ínfimos recursos sobre a grande crise que assolava os Estados Unidos, jogando milhões no desemprego e na miséria. Desaparecido até hoje. Claro que não poderia ombrear com o "Tempos Modernos" de Charles Chaplin ou "As vinhas da Ira" de John Ford. Mas tinha uma vantagem sobre eles. Os vultos que ficaram marcados no celuloide eram de pessoas reais, sujas, marcadas pela necessidade e falta de esperança. E não podemos conhecê-las. É uma pena.

Voltando ao Brasil, sua carreira de jornalista continuou, com altos e baixos, mas seu nome se afirmou. Começou a se apaixonar pela ideia de um "Projeto Nacional". Basicamente queria dizer o seguinte: um país com a imensa extensão do Brasil, com tantas riquezas embutidas em suas terras, não podia continuar como uma semicolônia exportadora de produtos agrícolas e com uma população mergulhada na ignorância e penúria. Teria que se lançar na industrialização e na valorização do trabalho assalariado.

Era o plano de Getúlio Vargas e Olympio se aproximou dele. Mais uma vez o destino o imergia no labirinto. Foi convidado para trabalhar, como bom jornalista que era, no Departamento de Imprensa e Propaganda do governo central. E aceitou. O Estado Novo de Vargas era uma criatura como o deus Jano, com duas faces. Concessões significativas aos trabalhadores urbanos (mas nada aos rurais), um consistente plano de infraestrutura e industrialização. Mas por outro lado se alimentava de um feroz anticomunismo (arma clássica da oligarquia escravocrata brasileira) e simpatia com o nazi-fascismo no plano internacional. Prisioneiros políticos aos magotes e o que é pior, a tortura cruel e constante, liderada pelo monstruoso Filinto Müller.

Olympio não podia não saber das torturas, muitos de seus amigos haviam sofrido nas masmorras, inclusive a sua querida Pagu. Ser do Departamento de Propaganda não lhe impelia a desconhecer estes maltratos, ou acreditar que não existiam.

O autor deste livro, justamente, destaca que Olympio tenta amenizar e proteger pessoas de esquerda e inclusive abrir espaços para que eles publiquem suas ideias. Mas a mancha ficou em sua biografia.

Justiça seja feita, o seu ideal político de um projeto nacional ele sempre manteve, continuando ligado ao segundo governo Vargas e depois ao trabalhismo de forma geral. O golpe militar de 1964 o jogou no ostracismo e teve que apelar para sobreviver como jornalista economista driblando a censura que se implantou. Morreu isolado, no momento do auge da ditadura militar. No que pensaria nos derradeiros momentos? Nos seus sonhos infantis na pequena Bragança, nas suas glórias ilusórias na Meca do cinema ou de como é difícil modificar as estruturas de um país que teve 350 anos de escravidão.

Como já havia escrito, as biografias me deixam um gosto amargo na boca.

Mas creio que a vida de Olympio merece ser conhecida e discutida. É uma parte da história política, jornalística e cultural do nosso país.

Tenho que acrescentar que esta obra é muito valorizada pela interessante e às vezes até comovente galeria de imagens que consegue muito bem representar uma época e uma vida.

José Luiz Del Roio
Senador por Milão, Itália, 2006
São Paulo, Fevereiro de 2017.

Bragança Paulista, Brasil, 1902.

Segunda-feira, 13 de janeiro de 1902, o casal Maria Cintra Ferreira Guilherme e Vicente Guilherme comemoram o nascimento de Olympio. "O menino nasceu forte e corado" dizia o pai enquanto a mãe amamentava o pequeno com encanto e dedicação, apesar das dores do parto.

Fazia muito calor naquele dia. O sol de verão castigava os trabalhadores do campo e, na cidade, mantinha os moradores dentro de casa. Embora a cidade estivesse situada numa região montanhosa, há quase mil metros de altitude, e o clima normalmente fosse ameno, o verão era sempre muito quente, com chuvas fortes quase todos os dias nos fins de tardes.

Bragança Paulista, no interior do estado de São Paulo, região sudeste do Brasil, era pouco mais que um vilarejo. Sua riqueza situava-se nas grandes fazendas de café, que tinham acabado de perder a mão de obra escrava com a abolição e começavam a conhecer o sotaque europeu com a chegada dos imigrantes italianos que, a princípio, deveriam substituir seus escravos.

Em pouco tempo, a imigração começa a mudar os costumes da pequena cidade.

Personagens importantes do local já eram conhecidos nacionalmente como, por exemplo, Honório Líbero, um liberal que lutou contra a escravidão e a monarquia, e Américo Brasílio de Campos, importante jornalista que, mais tarde, fundaria em São Paulo um dos maiores jornais do Brasil.

A diversão para as crianças do início do século XX era restrita aos jogos de rua, com amigos e vizinhos. Em casa, jogava-se dominó, damas, xadrez e gamão enquanto os adultos discutiam negócios e política.

Eventualmente um resfriado levava o garoto com a mãe à farmácia do Dr. Candido Fontoura, o tio Candinho, no centro da cidade. O farmacêutico não apenas diagnosticava como também aviava e manipulava suas fórmulas aos pacientes.

As reuniões domésticas eram o passatempo usual, as vezes com amigos e familiares distantes, que vinham em visita. Vez por outra, aconteciam os saraus, reuniões recreativas nas quais ouvia-se música, dançava-se, recitava-se poesia e discutia-se literatura.

Os italianos estavam trazendo novidades da Europa que, aos poucos, mudavam os costumes.

O século XX, recém-iniciado, já despontava como a era das mudanças.

Em 1905, a luz elétrica é inaugurada em Bragança e começam as transformações de uma cidade até então, essencialmente rural. A paisagem urbana passa a contar com as primeiras fábricas movidas à eletricidade. Postes de iluminação noturna substituem as tímidas luminárias de querosene.

Nesse cenário, Olympio dá seus primeiros passos. O garoto cresce, brincando nos campos ao largo da Estrada de Ferro Bragantina e nas pracinhas da cidade e aprendendo a ler com a própria mãe.

Aos sete anos de idade, Olympio é matriculado no Grupo Escolar Dr. Jorge Tibiriçá, onde fará os quatro primeiros anos de seu aprendizado escolar.

Foi nessa fase de sua vida, entre oito e nove anos de idade, que Olympio conheceu e começou a tomar gosto pelo cinema. Os filmes eram eventualmente exibidos nos circos que chegavam à cidade, ou nos saraus do Clube Literário e Recreativo, frequentado diariamente pelos senhores da aristocracia rural da localidade e, nos finais de semana, pelas famílias.

A reação do público diante do surgimento do cinema no Brasil era a mesma observada em outras partes do mundo. O povo via-se e sentia-se representado nas telas, embora as possibilidades criativas nessa nova arte ainda estivessem distantes do cenário brasileiro.

Aos quatro anos de idade, em Bragança Paulista

Na escola, os meninos aprendiam história, literatura, matemática e noções de civilidade social. Era o ano de 1909 e Afonso Pena era o quarto presidente da República.

Apesar do conservadorismo local imposto pelos Barões de Café, Bragança tinha o maior teatro do interior de São Paulo, o "Carlos Gomes" e a principal companhia telefônica do Brasil, cujo proprietário, Gabriel da Silveira Vasconcellos foi, entre outras coisas, um estudioso das comunicações e o responsável pela primeira ligação interurbana de que se tem notícias, feita entre sua empresa em Bragança e a fazenda de sua sobrinha, na cidade vizinha de Piracaia.

Veja Código QR em seu smatphone – Cidade Bragança Paulista

Na paisagem das grandes fazendas de café e seus casarões, que ainda mantinham pelourinhos, talvez pela esperança de um novo ciclo escravocrata, existiam também antigas senzalas transformadas em alojamentos para "os colonos", como eram chamados aqueles primeiros imigrantes italianos.

Nas matas, ainda abundantes, o que mais se viam, com grande imponência, eram as araucárias, cuja madeira de boa qualidade era chamada erroneamente de pinho-de-Riga. Às vezes, ouvia-se a sinfonia dos macacos e saguis. Não muito raramente uma onça botava todos para correr.

Nesse palco natural e verde, quando ainda se acordava com o barulho estridente dos passarinhos e o ranger dos carros de bois, Olympio crescia, brincava, aprendia e estudava. Era um menino bonito, alto, elegante e destacava-se por sua inteligência e rapidez de raciocínio.

Formatura 1910 – Grupo Escolar Dr. Jorge Tibiriçá

Olympio conclui o ensino primário e, como em Bragança não existisse ensino após o quarto ano de grupo, aos 11 anos de idade sua família o manda estudar em Itu, cidade onde tinham amigos que poderiam orientá-lo e dar-lhe o apoio necessário durante os anos de estudos que se seguiriam.

Desde 1830, Itu estava bem no centro do famoso quadrilátero do açúcar. Foi nesse tempo que começaram a aparecer as construções do centro histórico, sobreviventes até hoje.

No início dos anos 20, Itú vivia uma terceira fase

econômica, baseada na cultura do café e nas fábricas de algodão. Era uma cidade próspera.

Olympio era um aluno dedicado. Embora tivesse vários colegas de escola, alguns amigos que eventualmente eram os companheiros em jornadas esportivas ou saídas noturnas, era um estranho morando num quarto solitário. Vivia ansioso pelo fim de seu curso e pelo que viria depois.

Em 1920, concluídos os estudos, Olympio volta a Bragança Paulista.

Encontra uma cidade diferente, mais desenvolvida, com uma das maiores companhias de telefone do Brasil e indústrias modernas de tecidos e de lâmpadas incandescentes, que supriam as necessidades de quase duas décadas de iluminação elétrica.

Permanece em Bragança por quase três anos. Embora a cidade não lhe oferecesse horizontes profissionais, ele estava decidido a fixar-se ali.

Em 31 de dezembro de 1923, casa-se com Natalina Diniz, causando surpresa a todos. Talvez fosse o desconforto da solidão vivida em Itu que o tivesse levado a apressar essa decisão, diziam os amigos.

Nesses anos em Bragança colabora com jornais locais e, nos finais de semana, viaja para o município vizinho de Atibaia, onde com frequência atuava como fotógrafo de casamentos. A fotografia era uma arte que aprendera em Itu.

Estava casado há três meses quando, ao receberem a visita do filho de um casal muito amigo de sua família, Cásper Líbero, então um jovem empresário das comunicações, é convidado a trabalhar em São Paulo.

Estação Ferroviária de Bragança Paulista

Fica decidido que Olympio iria para a capital. Natalina, sua esposa prefere ficar na cidade e aguardar a volta do marido nos fins de semana.

Na Gazeta

Sede do jornal "A Gazeta", em São Paulo.

Cásper Líbero tinha comprado o jornal "A Gazeta" há seis anos, ou seja, em 1918, e foi o responsável pela modernização do periódico com a implementação de novas tecnologias. Importou rotativas da Alemanha, substituiu o telégrafo pelo teletipo. Instaurou uma nova dinâmica na distribuição do jornal com uma grande frota de viaturas que fazia o jornal chegar às mãos dos leitores em tempo recorde.

Mas, acima de tudo, estava interessado em novos nomes, jornalistas que fossem criativos, com opiniões combativas e nisso poderia se encaixar o jovem Olympio.

Uma vez na capital, Olympio passa a conviver com políticos, artistas, intelectuais. Começa a perder seu ar interiorano e a crescer intelectualmente.

Em sua caminhada diária até a rua XV de Novembro, sede do jornal "A Gazeta", ele mantinha contato com vendedores, advogados, pessoas que iam se tornando amigas e vez, por outra, eram fontes de informações e opiniões, ou novos temas para seus artigos.

Olympio na redação da Gazeta

Sob o olhar de Cásper Líbero, o jovem cresce e ganha novos espaços e responsabilidades, tornando-se conhecido não apenas nos arredores do trabalho, mas também por leitores de toda cidade.

São Paulo progredia e industrializava-se. Eram mudanças contínuas. A maior delas veio com a semana de Arte Moderna, conhecida como Semana de 22, quando artistas e intelectuais se uniram para criar um movimento nacionalista e revolucionário nas artes.

Esse marco artístico, deixou como principal legado, a necessidade de abandonar a servil reprodução dos antigos padrões estéticos europeus para construir uma cultura essencialmente nacional.

São Paulo, 1924.

Tudo isso intrigava positivamente o jovem jornalista. Nesse plano, era o cinema o que mais lhe chamava a atenção e fazia sua mente criar inúmeras possibilidades, a princípio, para a divulgação de notícias, mas, sobretudo, para contar as histórias do povo e de seu cotidiano.

Na Gazeta, Olympio já tinha seguidores fiéis. Seu estilo, considerado realista e simples, era admirado pelos leitores do jornal, que foi crescendo e se tornando o principal informativo da vanguarda paulistana.

Colóquio sentimental modernista

Patrícia Galvão

Entre os principais admiradores do jovem jornalista, havia uma jovem e ousada colegial. Patrícia, de 14 anos, tinha ideias adultas e posicionamento totalmente fora dos padrões de sua época. Escrevia poesias e crônicas que pregavam a igualdade entre homens e mulheres.

Na seção de cartas do leitor, ela sempre elogiava os artigos de Olympio e, a partir de um convite feito numa das respostas dada pelo jornal, começou a enviar suas crônicas e poesias para serem publicadas.

As publicações resultantes de sua colaboração não eram muito convencionais para a época e só poderiam mesmo ser publicadas em uma mídia de vanguarda, com uma certa dose de coragem para enfrentar as críticas.

A jovem era de fato ousada, não apenas em seus escritos secretos ou nas matérias que publicava, mas também na vida escolar e social. Por isso era alvo da zombaria das colegas criadas para a administração do lar, de acordo com os padrões retrógrados da tradicional sociedade paulistana.

Patrícia estava muito à frente de seu tempo, era a antítese da hipocrisia. Jamais seria cortejada pelos jovens paulistanos descendentes dos barões do café e da classe empresarial emergente. Era uma mulher de opinião, sem recatos provincianos.

Os seu atrevimento deliciava os intelectuais da nova metrópole. Com eles, a zombaria das colegas burguesas deu lugar à curiosidade e à admiração.

Patrícia passa a entregar seus textos diretamente na redação e não mais por cartas. Começa a frequentar a sede do jornal mesmo sem ter um artigo pronto. Fica conversando com Olympio sem sentir o tempo passar.

Olympio Guilherme

Muitas vezes, estando com amigas, Patrícia esperava pelo fim do expediente para encontrar Guilherme em algum ponto do caminho entre a redação e a sua residência, como se fosse apenas uma coincidência. Paravam em algum lugar só para reatar a conversa: discutiam sobre política, artes plásticas, música, teatro, religião, condição da mulher, romances, paixões.

Ela estava encantada, não apenas pela beleza do jornalista, muito parecido com Rodolfo Valentino, o grande ídolo do cinema, mas também pela sua cultura, suas ideias, seu amor pelo cinema e, principalmente, pelo modo como a tratava. Diferente dos jovens de sua escola.

Olympio Guilherme torna-se também seu leitor constante, interessando-se pela garota e, de certa forma, usando como desculpa seus textos, crônicas e poesias para mais um minuto de conversa.

Para Patrícia ele era mais do que um amigo. Ela o desejava. Passa a visitá-lo todos os dias, decidida a seduzi-lo a qualquer preço. Não seria tarefa difícil, pois além de inteligente era bonita, agradável e alegre.

Uma tarde, ao saírem da redação, Patrícia e Olympio param em um restaurante na Rua São Bento e entre queijos, vinhos franceses e boa prosa, o tempo passa. Eles são os únicos ali dentro e o restaurante precisa ser fechado. Saem totalmente entregues às vontades da bebida.

Olympio oferece-se para acompanhá-la até em casa, pois não havia mais bondes disponíveis. Patrícia afirma que não era necessário e, que se não fosse um problema para ele, ela poderia ficar em seu apartamento.

A Primeira Guerra Mundial havia acabado há poucos anos, o Brasil e, principalmente, São Paulo era povoado de italianos e espanhóis, que a partir de 1900 começam a chegar para substituir a mão de obra escrava. Logo depois, chegam também os fugitivos e excluídos da sociedade europeia.

As mulheres italianas, por terem passado anos cuidando da casa e do sustento, enquanto os maridos estavam nos campos de batalha, ou trabalhando em lugares distantes, eram mais independentes. As teorias anarquistas, que conquistaram grande parte dos espanhóis, também eram uma influência para a liberação da mulher.

Os valores sociais arcaicos vigentes e a cultura conservadora dessa sociedade estavam em estado de total putrefação.

Havia a necessidade de definição de novas noções relativas à liberação feminina e às relações da mulher com as tarefas até então estritamente domésticas. Patrícia era a corporificação dessa nova mulher, que prenunciava a sociedade moderna.

Embora Olympio jamais escondesse o fato de ser casado, esse não era um motivo para intimidar Patrícia. Ele também estava entregue aos encantos da modernista. Mas foi Patrícia quem tomou a iniciativa e dirigiu todos os atos da cena de sua primeira noite. Afinal, "in vino veritas".

"Ela entrou no quarto como se a meia noite fos-

se o dia todo, a claridade entrava pela janela, mas eram apenas os postes de luz elétrica, amareladas e preguiçosas do lado de fora vestindo a penumbra.

Ainda em pé, ela despiu-se sem o falso pudor de sua época.

O corpo de Patrícia era acariciado pelo olhar fixo de Olympio. Impetuoso, querendo mais dela do que pudesse supor sua imaginação, mais do que ela podia dar, mesmo que nada existisse, mesmo que fosse um sonho e tudo fosse apenas delírios na penumbra da noite, ele queria mais.

A cena evoluía, com a luz preguiçosa e amarelada como única testemunha refletida no brilho de seus próprios olhares.

Ela se aproximou lentamente da cama, tão lenta que o tempo se multiplicava tornando-se etemo e, num gesto sutil, desabotoou-se suave, linda e delicadamente. Preguiçosamente, abria um a um os botões de sua blusa, como se a noite, aquele dia, nunca mais fosse acabar e o tempo estacionasse ali preenchendo as formas do silêncio pelos seus seios, suas pernas nuas, seu toque macio.

Ele, sentado, se recompunha de um sentimento indescritível e virgem, que caminhava cambaleante e embriagado por odores da paixão, quando em determinado momento desejou apenas observar, prolongando a própria agonia.

Patrícia deitou-se ao seu lado, terna e lasciva,

pegou em seu queixo, seus lábios, passou as mãos suavemente em seus cabelos, enquanto seu rosto molhado torturava seus obscuros pensamentos juvenis. Aproximou-o maternalmente de seu peito nu, aconchegando-se e suspirando ofegante, com olhar de menina e boca de mulher.

Ele era homem, amante, pensador e animal. Confuso e entorpecido pelo aroma almiscarado da paixão. Era o sonho da menina mulher. Era também um menino querendo sentir o gosto do amor espontâneo explodindo na magia das carícias.

Ela estava lá, Patrícia estava lá de corpo e mente e seus lábios finalmente se aproximaram se entregando na volúpia de aromas e gestos, sussurros monossilábicos e grunhidos nunca antes experimentados...

Por nenhum dos dois. Por ninguém no mundo. E assim foram noite adentro.

Os primeiros raios de sol substituíram o brilho relaxante das luzes artificiais, encontrando os dois ainda entorpecidos.

O outro lado da rua já estava cheio de pessoas comuns, sonolentas e apressadas.

Entre olhares absortos e satisfeitos, abarrotados de cumplicidade, caíram desfalecidos até as onze horas da manhã."

Patrícia não foi à aula e Olympio não foi trabalhar. Naquele dia não havia notícia para divulgar. Não havia professor para ensinar. Não havia alunas para aprender.

Por muitos meses, os dois ainda se encontraram, saíram juntos, conversaram na redação, voltaram ao quarto e continuaram amigos.

Olympio segue sua vida empolgado com a política e o cinema, Patrícia com a poesia e o feminismo. Eventualmente a noite se impunha com suas magias e, como num cenário de Hollywood, cediam àquela atração sem medidas e pudores, nos laços de uma profunda amizade e de muita ternura.

Eventualmente... Eles eram como a chuva de verão, sem hora marcada, sempre fortes e envolventes, sempre surpreendentes. Sempre abundantes.

A poesia, a literatura, a música e as relações inesperadas são os principais laços de Patrícia com a vida.

O casal é constantemente visto entre abraços, sorrisos e carícias não usuais para os padrões conservadores da pauliceia dos anos vinte. Um casal que não era oficialmente casado, uma jovem "atrevida", como diziam as senhoras de boas famílias, "juntada" com um "cafajeste casado". Mas eles funcionavam assim, só assim, não tinham nascido para serem uma família tradicional. O que mais causava constrangimentos era a felicidade estampada nos olhos dos dois. Isso, sim, algo a ser reprimido e repelido.

Após dois anos de relacionamento, Patrícia engravida e, sem que ninguém soubesse, nem mesmo Olympio, faz um aborto. Nesse mesmo ano termina o curso de Normalista. Era 1928.

Hoje me falaram em virtude
Tudo muito rito, muito rígido
Com coisinhas assim mais ou menos
Sentimentais.

Hollywood – Sonho e pesadelo

Foto dos estúdios Fox- Olympio Guilherme, divulgação.

Entre 1926 e 1927, os estúdios Fox promovem em várias partes do mundo um grande concurso de beleza feminina e varonil.

A principal intenção era divulgar a empresa e aproximar-se principalmente da população latina. Era parte de uma estratégia de marketing nunca vista na então recente indústria do cinema.

Desde o final da década de 20, a Fox já investia

muito na produção, divulgação e exibição de seus filmes. Em 1926, ela detinha um orçamento de 10 milhões de dólares, para 49 longas-metragens e 52 curtas-metragens de humor, além de investimentos em marketing. Possuía mais de 500 salas de exibição, entre as quais a maior do mundo, com capacidade para mais de seis mil pessoas.

Uma de suas estratégias eram os concursos de beleza. Divulgava-se que qualquer um poderia ser artista e famoso: se fossem bonitos e fotografassem bem, poderiam ser escolhidos para o grande sonho americano.

A Cigarra, uma das principais revistas brasileiras de cinema daqueles anos, que copiava as produções escritas norte-americanas, foi a principal divulgadora do concurso de Beleza e Fotogenia Feminina e Varonil, que aconteceria em 1927, no Chile, Argentina e Brasil.

> Como verificarão os interessados, o certame não pode ser burlado. Formalmente a Fox Film obriga-se a eleger dois – um homem e uma mulher – dentre os candidatos, e oferece aos eleitos todas as garantias e vantagens. Vai mais longe. Se, dentre os que concorrerem ao pleito, outros, além dos vencedores, lhe parecerem interessantes, oferecer-lhes-á contratos com excelentes condições. Abre-se, assim, magnífica oportunidade à mocidade do nosso país para fulgir no écran. O que era, ontem, um sonho irrealizável das belezas patrícias está, hoje, ao alcance dos que reunirem os requisitos abaixo enumerados [...] Precisamos mandar para Hollywood a fina flor da formosura, do encanto e da graça da gente do Brasil.

Divulgação do concurso da Fox, no Brasil.

A empresa Fox tinha uma área de marketing agressiva. A propaganda para o concurso começa um ano antes, em 1926, com espaço nos principais jornais e revistas brasileiras.

Seduzidos pela possibilidade do estrelismo internacional, centenas de brasileiros se inscrevem para o grande concurso.

Em nome do jornal A Gazeta, Olympio Guilherme é designado para fazer a cobertura total do concurso, que teria a participação dos principais artistas do Brasil, grandes nomes que já haviam participado das mais diversas produções nacionais e muitos já consagrados nos palcos de teatro.

O comitê do concurso estava sediado na Rua da Constituição, 41, na capital da República, Rio de Janeiro. Anunciava-se que 1200 rapazes e 840 senhoritas já estavam inscritos.

O jornalista e poeta Guilherme de Almeida ressaltou em suas colunas o grande teor de hipocrisia do concurso. Admitia, porém, que o sucesso de um brasileiro no exterior poderia alavancar a autoestima do brasileiro.

Se inicialmente a Fox visava um nome latino para a expansão de seus negócios, com a morte de Valentino, idolatrado no mundo inteiro e, especialmente, nos países latinos, essa necessidade torna-se ainda maior.

A morte de Rodolfo Valentino em 23 de agosto de 1926 provocou comoção mundial jamais vista até então. Rodolfo era o objeto dos anseios femininos, o erótico, o exótico, poético e o ídolo imitado pelos rapazes.

Olympio, durante a cobertura do grande concurso, encontra-se com a amiga Patrícia Galvão, uma das concorrentes, que o estimula a participar. Ele recusava-se dizendo não ter talento suficiente para o cinema. Outros amigos também o encorajam, principalmente porque ele se parecia muito com o finado galã Valentino.

O júri brasileiro escolhe sua representante feminina, a carioca Lia Torá, que desbancou, entre outras, Carmen Miranda e Pagu. O representante masculino só seria indicado dias depois, pelo júri americano.

Olympio, que se inscrevera de última hora, é o escolhido pelo júri americano para seguir rumo ao estrelato em Hollywood.

Os principais jornais do Brasil começaram divulgar os brasileiros como grandes estrelas internacionais. O Diário da Noite enaltecia a conquista dos dois jovens que mostrariam a importância do Brasil no cinema e no mundo:

> *"Ele é Olympio, nosso colega de imprensa, onde sempre foi admirado pelos seus dotes intelectuais. É um rapagão de belo aspecto físico, um moreno à La Rodolfo Valentino. Será a perdição das moças desocupadas de todo o mundo... Ele e Lia Torá, uma menina muito bonita, que cursou a Academia de Bailados de Barcelona, viajada, inteligente."*

> *"O Brasil está tendo importância cada vez maior em Hollywood. Já se filmam roman-*

ces brasileiros (A Marquesa de Santos, de Paulo Setúbal), já se contratam artistas brasileiros..."

A entrevista oficial da revista Cinearte descreve Olympio como um homem modesto, porém com um tom autoritário. Fala, também, da sua semelhança com Rodolfo Valentino, dizendo que possuía os mesmos olhos, testa e nariz.

"Na entrevista me perguntaram sobre vários assuntos. Entre outras coisas, eu disse que daria um péssimo cowboy, por questões de postura, embora eu estivesse acostumado a cavalgar desde criança.

Falei também sobre minha mãe, assim que ela foi informada de minha vitória, me ligou proibindo de assinar contrato.

Fui para São Paulo e dali corri direto para Bragança no primeiro trem, para me aconselhar com o amigo Oswaldo, que me deu a ideia de conversar com o bispo, para que ele a persuadisse. Também foi ideia de Oswaldo, que eu falasse ao religioso das vantagens de ser ator nos Estados Unidos, pela notoriedade que teria e pelo dinheiro que poderia ganhar e assim quando retornasse mais alicerçado financeira-

mente, pudesse ajudar nas obras sociais e assistências da igreja.

Tive dúvidas se isso daria certo, pois eu não era um exemplo de religiosidade.

Minha mãe, Maria Cintra Ferreira Guilherme, religiosa tradicionalíssima e conservadora, assim que ouviu as palavras de D. José aceitou resignada.

Nesse dia, eu ainda não estava decidido a fechar contrato com a Fox, mas como devo essa sorte ao acaso, acabei assinando.

Sobre esportes contei-lhes que possuía em casa vários equipamentos esportivos e que todas as manhãs, mesmo estando em São Paulo, corro dez quilômetros por dia.

Queriam saber sobre meus sonhos, expliquei que sou um otimista e que admiro nas pessoas a lealdade e não suporto a hipocrisia. Falei também sobre minhas preferências literárias, sobre música, destacando Chopin.

Era estranho estar sendo entrevistado, quando sempre estive do outro lado. Me perguntaram até sobre adultério, ao que respondi que não julgava e nem considerava importante a vida de outros.

Finalmente, expliquei que desejo fazer alguma coisa importante em minha vida, ser útil

e poder morrer na cama, contente comigo mes-
mo."

Embora contrariado com o concurso da Fox, Guilherme de Almeida torcia para que tudo desse certo para o amigo. Haviam iniciado uma grande amizade desde que o bragantino chegara a São Paulo. Ele o ajudara a estabelecer-se na cidade, levando-o para os pontos de encontro dos jornalistas e aproximando-o da intelectualidade da capital.

Almeida não acreditava em um concurso para definir um padrão de beleza latino que afastasse negros, imigrantes, índios e outros povos, desconsiderados pelo star system de Hollywood. Mas não deixou de apoiar e enaltecer o amigo.

No dia 24 de agosto de 1927, escreve:

"É preciso advertir que o elogio da in-
fluência cultural norte-americana não colide ab-
solutamente com o patriotismo de Guilherme de
Almeida: na verdade, modernismo e nacionalis-
mo encontram-se intrinsicamente unidos em sua
concepção estético-cultural, em que o cinema
figura tanto quanto disseminador, entre nós, dos
hábitos e dos costumes, enfim, do estilo civiliza-
do do hemisfério setentrional e, principalmente,
do "modus vivendi" norte-americano quanto di-
vulgador, lá fora, da imagem e da identidade de

um Brasil moderno e civilizado, devidamente inserido no fluxo renovador do século. Tal circunstância patenteia-se, por exemplo, na campanha promovida pelo poeta, em sua coluna, com o fito de preservar o nome brasileiro de um ator tupiniquim selecionado pela Fox para atuar no cinema Hollywoodiano. Ao estereótipo do jovem de porte atlético, bem educado e com ares civilizados e aristocráticos, não deve se contrapor a identidade nacional brasileira.

Olympio Guilherme - o feliz brasileiro que a Fox em boa hora escolheu para nos representar em seus estúdios - escreveu-nos uma carta delicada e fina desmentindo a notícia que nós e outros jornais publicamos, sobre a escolha de um novo nome para a sua vida artística (...). Conhecemos pessoalmente Olympio Guilherme. Sabemos da sua inteligência desembaraçada e viva; do seu físico sadio, moço, insinuante; da sua educação, das suas maneiras de "gentleman"; da sua decidida e forte inclinação artística. Olympio Guilherme tem, pois, todas as qualidades que possam exigir um astro cinematográfico, tem todos os elementos de vitória para a sua futura carreira. Só não tem um nome: um nome que só por si - escreve-nos ele – diga ao mundo inteiro que sou brasileiro"

Logo após a divulgação dos resultados, o primeiro autógrafo.

Ao chegarem a Califórnia, Olympio e Lia Torá são recebidos com aparente entusiasmo. Participam de um encontro com os grandes artistas do cinema, são fotografados com todos e entrevistados pela mídia especializada.

Mas ficou apenas nisso, as fotos foram divulgadas em revistas e jornais brasileiros, mas raras publicações norte-americanas mencionaram o concurso e seus vencedores. Aquela festa não passava de uma encenação, em um cenário previamente montado.

Segundo a divulgação da Fox, os dois teriam participação de destaque em vários filmes, mas o sonho americano e o estrelato não se concretizariam para Olympio e Lia. Nos bastidores, a história foi bem diferente.

A Fox, já no dia seguinte, mandou que aguardassem em suas casas até que fossem chamados pelos diretores, naturalmente para papeis de latino-americanos.

Em "casa" e com salários ainda por vir, a vida não era das melhores. Se fossem chamados, seria para atuar como figurantes em filmes sem grandes apelos para o público e de baixo custo de produção.

Para os fãs brasileiros, as notícias eram desencontradas e na maior parte enalteciam o ator. Em apenas um mês ele havia recebido cerca de cinco mil cartas de fãs brasileiros, principalmente do Rio Grande do Sul.

Guilherme aguardava ser chamado para bons papeis, mas Hollywood estava, logo de início, se transformando numa novela amarga, com roteiro tosco, como era a própria cidade para quem ainda não tinha alcançado a tão almejada fama.

Para a revista carioca Cinearte, Olympio escreve sobre os grandes artistas e sua rotina, mas nunca a verdade, que só confessava aos amigos.

Divulgação dos artistas brasileiros em Hollywood

"Tudo naquela indústria se resumia à comercialização e criação de padrões de beleza e costumes, imagens e cenários sempre usados como propaganda oficial na formação intelectual, com atitudes encomendadas pelo governo como a criação de uma falsa cultura, que envolvia o rito do sonho americano nos primórdios do cinema falado.

Extraoficialmente o governo sabia que a Meca dos sonhos alcançaria cada vez mais *prestígio no mundo. Se no começo ela ditava moda, marca de cigarros, gestos, gostos e modificava costumes, seria natural que se tornasse uma grande divulgadora e mantenedora de ações de manipulação global. Isso era parte do show"*

A vida que ele e outros aspirantes ao estrelato levavam era um verdadeiro filme nos cenários da Meca da ilusão.

Olympio Guilherme, ao contrário dos profissionais da indústria, tinha sobre o cinema um pensamento nobre e um ideal quase juvenil. Para ele o cinema era mais do que diversão.

"Sempre pensei que o cinema devia analisar os fenômenos da vida nacional, interessar-se pelos nossos problemas educativos e raciais, investigar as causas de nossas deficiências econômicas. Ao filme vazio que explorasse os dramas comuns, devia-se antepor o filme que propagasse boas ideias".

Isso não passava de um ideal longe da realidade comercial americana, que seria copiada e implantada em todo mundo.

Ao conhecer a realidade vigente, Olympio repetia que existiam muitas formas de se dizer a verdade, mas que a mais persuasiva era aquela que parecia mentira.

Matéria de revista brasileira, sobre os astros, em 1927.

Vivendo em um pequeno cubículo do subúrbio, o jornalista e fotógrafo aprendeu que Hollywood era apenas uma pintura miraculosa de artistas e de cenários. Uma foto de cenários, sem cores reais. Sem naturalidade.

E Hollywood começa a ser vista como uma pessoa de vida inútil:

"Um emaranhado de insignificâncias, de coisinhas, de pequenas bagatelas amplificadas pela pusilanimidade do caráter; o seu ideal é o trabalho que lhe dará um pão negro de cada dia; a religião, a vaidade, a vaidade incoercível, distendida ao limite insano do fanatismo; sua literatura os jornaizinhos capciosos que enxameiam Cinelândia, os pasquins de imbróglios de mexi-

dinhas e diz que diz."

Seu retrato escrito era similar às chapas que fazia nas ruas, com o olhar apurado do fotógrafo que era:

"Às seis horas da tarde Hollywood se desfigura. Perde aquela aparência enganadora de cidade, de importante centro e se torna o que realmente é. Um cenário feito de ilusões e manipulação coletiva.

Às seis horas, sendo possível Hollywood senta-se a mesa, mas não em restaurantes, esses longes dos habitantes comuns.

Às seis horas esperam-se os chamados dos estúdios, uma última chance antes de se fechar em casa, são esses esperados telefonemas, que comunicam um possível trabalho para o dia de amanhã.

É a hora preferida também das rodinhas de esquinas, dos escândalos, do cochicho segregado com as mãos espalmadas sobre a boca. Repórteres vindos dos quatro cantos do mundo ficam na espreita para poderem levar às redações, uma nota de escândalo."

Olympio, a princípio, morava num cubículo, mas passava mais tempo na "República dos Brasileiros" com Vicentini e Paco, junto com outros colegas do Brasil, da

Argentina e da Índia, que viviam na mesma situação e dependiam das chamadas para pequenas pontas, que significavam o aluguel e a "fome" do mês.

Às seis horas, o telefone tocou na república.

Vicentini atende num salto:

O rapaz faz cara de quem não acredita e gesticula muito, emitindo grunhidos, frases monossilábicas com sotaque italiano carregado.

Era um chamado para Pisilão, o vira-latas encontrado na rua, que estava sendo requisitado para uma participação em um longa.

Vicentini não acreditou, mas Olympio cobrou-lhe razão.

- Você sabe o preço?

Se a Metro quer o cachorro para amanhã ela o terá, são vinte e cinco dólares...

O cachorro tinha sido encontrado e levado para casa pelo argentino Paco e agora poderia ser a salvação de todos. Pisilão era um cachorro de circo, sabia tudo, fazia tudo e se comportava como desejavam os diretores.

Vicentini atônito comenta:

- O cachorro é chamado pelos estúdios e nós continuamos aqui...

Vicentini era um napolitano que morava no Belenzinho, em São Paulo. Foi para Hollywood ser ator, mas fracassou. Não seria o primeiro nem o último.

A República dos Brasileiros, quartel general para o grupo de esperançosos aspirantes ao estrelato, tinha sido "fundada" por ele há alguns anos, depois de já ter passado por vários porões. Já acolhera vários atores, que vinham e voltavam na busca da fama ou, pelo menos, de uma "ponta" que lhe desse o pão.

O italiano trabalhava numa barbearia de terceira enquanto aguardava as convocações dos estúdios. Seu trabalho como barbeiro só era conhecido pelos amigos mais íntimos, pois para todos na terra das ilusões ele era um italiano rico, que apenas aguardava uma oportunidade para se tornar ator e conquistar o público nas telas do mundo.

O alojamento custava a cada um deles cinco dólares por semana, o que não era fácil pagar.

Mas, agora, o futuro da República dos Brasileiros estava garantido: Pisilão seria o novo Rim-Tim-Tim dos filmes falados.

O outro brasileiro da casa era Lúcio Aranha, que, naquele dia, chegou mais tarde e foi logo contando que às cinco e meia, antes dos outros chegarem, havia recebido um telefonema.

- Então foram dois? - gritou entusiasmado Vicentini.

Lúcio contou que atendeu ao telefone de James Ryam, em pessoa. O James, repete ele.

- Era um convite do Stone. O Stone me convi-

dando para uma participação.

Preocupado, Vicentini intercede:

- Você não disse tolices?

- Claro que não. Respondi secamente, e com ar de pouca importância. Como alguém que recebe 50 telefonemas por semana. Garanto que causei boa impressão!

- Até parece mentira, murmurou Vicentini.

Ruben Irarah, natural do Cairo, mas tratado por todos pelo apelido de "indiano", também era frequentador assíduo da República.

Ruben fora educado em Paris, era um judeu muito racional e fora apresentado à República por Vicentini, exatamente por ser bom de negócios e acordos.

Ainda discutia-se sobre o preço que Lúcio deveria cobrar pela sua participação - afinal, Stone estava dirigindo "Amor Errante" com Charles Farrel, que era um filme de primeira linha, com orçamento alto – quando, finalmente, chega o grande dia da estreia de Pisilão em cena.

A república ficou exultante com os 25 dólares do cachê do cão. Naquela noite, comeram "tagliarini" como se nunca tivessem visto comida.

O cachorro também participou, comendo grandes pedaços de lombo, sem sequer mastigar. Foi um jantar dos deuses.

Às duas da manhã, são acordados por ruídos estranhos. O cachorro vomitava sem parar. Precisavam procurar um veterinário, haviam dado muita comida para Pisilão. O pobre animal não estava acostumado.

A sensação de todos na casa era a de que estavam prestes a perder a galinha dos ovos de ouro. Era uma cena típica de velório. O argentino andava de um lado para outro. O italiano num canto, com olhos marejados, gesticulando e falando consigo mesmo enquanto o judeu permanecia imóvel como uma estátua.

Felizmente, o cão se curou.

A vida seguia lenta e sofrida, mas ao mesmo tempo divertida, na República dos Brasileiros.

Olympio recebia alguns trocados por suas publicações em revistas brasileiras e aguardava seu salário mensal do contrato que assinara com a Fox. Andou também participando e vencendo concursos menores como fotógrafo, cronista e roteirista. Ele logo deixa a República para alugar um quarto em uma pensão.

As vendas de suas crônicas melhoravam a cada dia e ele já conseguia também alguns trabalhos como fotógrafo.

Mesmo tendo ido morar na pensão, não perde o contato com a República, que frequenta quase diariamente. Quando podia, ajudava os amigos financeiramente.

No Brasil, continuava sendo elogiado e divulgado por Guilherme de Almeida, que fazia tudo para transformar suas angústias em pontos positivos e divulgá-lo na sua terra.

Olympio e Lia Torá na comédia "Low Necker"

Lúcio, o mais próximo de Olympio dentro da República, era natural da cidade de Itatiba, a 30 km de Bragança. Assim como ele, havia estudado em Itu, no Colégio São Luiz.

Olympio dizia que a educação antiquada dos jesuítas havia desenvolvido em Lúcio dois grandes defeitos, a falta de iniciativa e a submissão e obediência elevadas ao limite da doblez.

Lúcio era herdeiro de uma fazenda em Itatiba. Estava acostumado a viver das mesadas dadas pelo seu tio e administrador da propriedade. Antes de chegar aos Estados Unidos, escrevia para as colunas sociais do "Jornal da Noite" e tinha iniciado a Faculdade de Direito no Largo de São Francisco em São Paulo. Depois, ainda no Brasil, começou a escrever sobre cinema e frequentar um curso de inglês. Foi para Hollywood para representar o "Cinefilme", do Rio de Janeiro, num seminário de fãs, após ter repetido o primeiro ano da faculdade.

Mas, cansado da fome e da espera, resolve retornar ao Brasil e, talvez, dedicar-se a administrar a fazenda da família em Itatiba. Volta ao Brasil, mas já não consegue adaptar-se à vida do interior. Tenta a capital paulistana, mas, na verdade, sentia falta da vida esquisita de Hollywood, que se tornara um vício.

Em pouco tempo, zarpa novamente rumo aos EUA, na segunda classe do navio Munson.

Dias após seu retorno, ele e Vicentini foram contratados por três meses para sincronizar a voz humana, numa comédia de cães.

A primeira chance de Lúcio tinha acontecido meses antes. Convidado para uma ponta, ficaria no fundo de uma cena, onde beijaria uma linda loira. A cena foi repetida durante todo o dia. Lúcio estava feliz. Mesmo sendo uma cena de fundo, ele apareceria. Por conta dos beijos ardentes e a sexualidade da cena, o público se afastou dos atores principais, Madge Bellamy e Jhon Mac Brow, para prestar atenção à atuação de Lúcio com a loira.

À tarde, de volta à república, ainda feliz, Lúcio descobre que a cena não iria ao ar. Tratava-se apenas de um ardil hollywoodiano para distrair o público que assistia às filmagens dos atores principais e não atrapalhar a gravação. Aquilo que no Brasil chamariam de boi de piranha.

Olympio e George O`Brien

Olympio também começava a ser chamado, apareceu em pelo menos cinco filmes produzidos pelos estúdios da Fox, contracenando entre outras, com Norma Gaytan. No entanto, a esperada dupla brasileira, formada por ele e Lia Torá, nunca se tornou realidade. Suas aparições eram sempre menores. O filme mais importante no qual fez uma ponta foi "O Cantor de Jazz", primeiro filme falado do cinema mundial.

Com o que ganhava sob contrato e com os extras que conseguia com suas publicações, conseguiu poupar uma pequena quantia que, no futuro, usaria para investir em um sonho que acalentava há tempos. Mas isso seria somente no futuro.

O jovem do interior deslumbrava-se ainda com suas paixões repentinas. Desta vez, uma jovem loira europeia que já tinha atuado com destaque em um grande filme. Seu nome era Greta Garbo. Ela o atraia com seu olhar sedutor e jeito simples. Era mais um motivo para continuar lutando.

Greta já era conhecida há mais de um ano, e Olympio admirava seu profissionalismo ao aceitar pequenos papeis e extras. Pensou nisso quando a viu pela primeira vez marcando cenas nos estúdios.

A cena que Olympio talvez mais desejasse acabou no colo de Lúcio.

O cenário era de uma taberna de terceira classe e Lúcio dividiria a cena com Greta Garbo, sentada no balcão tosco ao lado de um barril de vinho.

Greta estava transformada numa mulher suja, com a maquiagem escondendo seus belos traços. Lúcio não a reconhece imediatamente. Riram muito sobre isso depois.

Lúcio e Greta Garbo conversaram durante as gravações e ao saírem dos estúdios, encontraram na porta os rapazes da República, ansiosos para saber das novidades e do andamento das gravações. Após algum tempo, despediram-se e tomaram o rumo de casa, eles para um lado e Greta para outro.

- Ah - balbuciou Lúcio - esqueci-me de devolver-lhe seu lenço, muito obrigado pela presteza.

- Não tem de que, disponha - respondeu Greta, com um sorriso encantador estampado nos lábios e um leve olhar especial para Olympio, que na hora retribuiu com pouca sutileza, mas com muito calor latino.

A República tornara-se conhecida não apenas em Hollywood, mas pelos muitos latino-americanos e europeus que queriam se aventurar na Meca dos sonhos.

Era comum receberem cartas de estrangeiros solicitando informações ou pedindo um teste, como se eles fossem importantes dentro do star system local. Isso era motivo de longas risadas.

Além de Paco, Nicanor Gutierrez era o outro argentino da turma. Adorava falar português e chamava a todos de "tchê". Obeso e falador, pele oleosa, era considerado um chato, sempre inoportuno e inconveniente.

Num fim de tarde ouviram uma voz à porta:

- É aqui que mora Mister Lúcio Aranha?

Antes que Lúcio se manifestasse, Gutierrez respondeu-lhe:

- Vera?

Lúcio não acreditou que aquele argentino pudesse ser tão íntimo de Greta Garbo.

Ela entrou, e Gutierrez a trata com a maior intimidade.

Só então perceberiam que aquela não era a verdadeira Greta Garbo, mas sua dublê. Vera era mais bonita que Greta, mas não era Greta Garbo.

Vera saiu da sala por um momento e quiseram saber de Olympio por qual delas, afinal, ele se apaixonara.

Olympio desconversou e disse que precisava voltar para a pensão, mas antes deixou no ar uma dúvida. Seu nome é Geraldine Dvorak, disse quase sussurrando, sem que ninguém entendesse.

Vera continuou por lá até tarde, conversando com Lúcio. A uma certa altura foram interrompidos por Vicentini:

- Acabei de ler no jornal, que amanhã haverá gravações com a contratação de 1300 pessoas. Nós nem ligamos hoje e já passam das seis...

Vera disse que ligaria assim mesmo, pegou o telefone e discou:

- Hollywood, 3-7-0-1, please:

No dia seguinte apenas Lúcio e Vera teriam trabalho em "Turlau, o Demônio dos Ares"

O negócio dos "extras e figurantes" era tão grande que existia até jornal especializado em fofocas, só para eles.

Com relação à Greta, Olympio não se dá por vencido, no dia seguinte vai até os estúdios em que Greta gravava e espera o intervalo para se aproximar.

Olhando para a atriz com sorriso maroto, aproveita o engano anterior para iniciar uma conversa:

- Greta, você e Vera são tão parecidas que me causaram problemas existenciais e risos dos amigos.

- Não se preocupe, Mr. Guilherme. Dizem que em Viena, existe um tal Dr. Sigmund que resolve esses problemas. Mas, na verdade, ela é muito parecida comigo, a ponto de nos encontrarmos na gravação e eu mesma me confundir, brincou a atriz.

- De qualquer maneira devo-lhe dizer que seu olhar é muito mais expressivo.

- Já me disse isso Mr. Guilherme, seus galanteios já são conhecidos nos estúdios, mas aprecio, eles me fazem bem.

- Espero que eles continuem lhe fazendo

bem por muito tempo... Entre eles e elas, você sempre terá eu...

Conversaram mais alguns minutos e se despediram. Ele nunca foi muito explícito quanto ao tipo de relacionamento com Greta, mas notava-se muita intimidade e ironia nas conversas dos dois.

Olympio e Lia, com Ademar Gonzaga e Pedro Lima e abaixo, Olympio com Lola Salvi

Olympio e seus companheiros seguem em Hollywood passando necessidades esporádicas e esperando a grande chance. Enquanto a sorte não lhe sorria, Olympio continuava atento a tudo. Nos estúdios, aprendia técnicas de filmagens, iluminação, foco, diálogos e já pensava em escrever sobre sua experiência ali.

Não tinha mais o mesmo prazer de continuar tentando uma carreira que, suspeitava, não iria acontecer.

Ao contrário de Lia Torá, Olympio nunca havia atuado antes. Tinha, sim, uma grande cultura artística, mas daí a ser ator era uma grande distância.

Era necessário tomar outro rumo, seus pensamentos mudavam a cada dia, mas não desejava voltar ao Brasil de mãos abanando, era preciso algo mais.

Uma das possibilidades era colocar em prática seu antigo desejo de escrever um livro.

A semelhança com Rodolfo Valentino talvez tivesse alguma importância, se o cinema ainda fosse mudo.

Sua inteligência e sagacidade, unidos a uma cultura refinada poderiam transformar em romances bem

humorados e muito realistas o sofrimento na república brasileira: os amigos, os fatos, as fofocas e tudo que envolvia a
cidade dos sonhos, por quem, atrás dos cenários e lumino-
sos brilhantes, vivia uma realidade bem diversa daquela
imaginada por todos.

Greta Garbo, foto oficial de divulgação e "Vera".

Era o início do cinema e sua grande fábrica de
histórias, que transportava qualquer um para qualquer lugar, em qualquer posição que sua imaginação permitisse.

Lúcio e Vera entregaram-se a uma ardente paixão. Fizeram alguns papeis secundários, passaram a ganhar melhor, mas estavam longe de se tornarem atores
conhecidos, como um dia haviam sonhado.

Lúcio decide voltar para o Brasil, decisão na
qual é apoiado por Vera, que resolve ir junto.

Dias depois da decisão já estavam de passagens compradas. No dia da viagem, os dois ficaram de se encontrar na estação de trem, onde estariam todos os amigos convidados para a despedida. Vera, porém decide dar uma última passada em um dos estúdios para se despedir dos amigos que faltavam.

Passagens nas mãos, Lúcio a aguarda na plataforma, já sonhando com a família, com os futuros filhos correndo na fazenda em Itatiba, enquanto Vera, no estúdio recebe finalmente uma boa proposta que poderia levá-la ao estrelado. Um sonho estava se tornando real.

Lúcio a espera ansioso e sua ansiedade aos poucos dá lugar ao temor. Ele ia e voltava, andava em círculos, estava visivelmente nervoso e mesmo com a baixa temperatura, por seu rosto escorria um rio de suor. Suas mãos estavam trêmulas e as passagens amassadas.

O trem apita pela última vez.

- Ao embarque... Ao embarque todos...
Partindo... Ao embarque. Última chamada.

Os amigos abraçam Lúcio, todos com lágrimas nos olhos. Era a hora de embarcar.

"O trem deu um arranco, as molas perras dos carros rangeram; os freios de ar comprimido silvaram, como um bando de moleques vaiando; e, resfolegando com seu pulmão de ferro, o trem deslizou, lentamente envolvendo a estação em rolos pardos de fumaça..."

Estação de Trem de Los Angeles

Fome – O Filme

Olympio continua escrevendo para revistas brasileiras, de onde tirava seu sustento. Seu salário de contratado da Fox e os extras que fazia como fotógrafo puderam, assim, ser integralmente poupados.

Era sua intenção só deixar Hollywood quando conseguisse a esperada fama, ainda que não fosse como ator. É então que decide produzir o filme "Fome", a partir da novela Scandal, escrita por ele mesmo e com roteiro do amigo J. Pomeroy.

A obra mostrava o dia-a-dia de indigentes e andarilhos no submundo de Hollywood e a luta de um ator latino-americano pela sobrevivência.

Olympio ainda conta com a colaboração de vários amigos e o apoio do diretor alemão George W. Richter.

Sua única câmera foi habilmente utilizada por Luiz M. MacManus, outro amigo, já experiente no tratamento das lentes.

Os recursos de que dispõe são escassos, suas reservas são insuficientes, muitas cenas são executadas com extremo perigo e no limite da sensatez.

Olympio e Sebastião Sampaio, Consul do Brasil nos EUA.

Certa tarde, Olympio sai de sua casa - no número 5616 da Fountain Avenue, Hollywood - e vai até Pasadena com intenção de procurar locações para seu filme. Logo após ter almoçado, caminhando na direção de uma ponte, percebe que uma jovem está prestes a se atirar. Desesperado, ele sai em disparada, mas não consegue impedir que a moça se suicide. Nesse momento, um cidadão passava de carro do outro lado. Vê apenas a moça no parapeito e um homem que corria em sua direção. Vai à delegacia de polícia, logo do outro lado da ponte, e denuncia um possível crime.

Olympio é detido e por alguns dias permanece preso até que o caso fosse esclarecido por uma carta deixada pela suicida e a comprovação de que ele sequer a conhecia.

De volta a pensão, ele retoma a produção.

Muitas vezes, filmava nas ruas sem que os transeuntes percebessem que estavam sendo usados como objeto da história.

Cena de atropelamento protagonizada por Olympio

Uma das cenas mais realistas até então foi a do atropelamento. Com as câmeras posicionadas, Olympio aguarda a aproximação de um carro e joga-se na frente do mesmo. A cena foi de uma perfeição inimaginável. Por momentos ele permaneceu imóvel. Todos acreditaram que tinha sido verdadeiro.

Olympio precisou de um tempo para se recuperar. Não fosse sua condição de atleta e a maneira como se antecipou ao carro, aquilo seria fatal.

Numa dessas cenas realistas, um mendigo com fome deveria roubar a mamadeira de uma criança num carrinho, com a babá ao lado. A ideia era ter uma cena de revolta. Foi tudo real e registrado pelo câmeman de Olympio, que segue filmando a fuga do ladrão, quando populares o alcançam e o agridem até que ele quase desfaleça.

Mais um ato de originalidade, ou talvez loucura. O mendigo era o próprio Olympio, que combinou tudo com seu operador de câmera e a enfermeira, uma atriz. Não imaginava que a reação do público fosse ser tão violenta.

"As nossas câmeras filmadoras foram habilmente escondidas na Broadway, de tal maneira que ninguém, nenhum transeunte poderia perceber que eu e a enfermeira estávamos representando uma cena previamente estudada em todos seus mínimos detalhes.

Nessa fase estávamos com duas câmeras, pois conseguimos o empréstimo de outra, uma vez que os estúdios já não utilizavam seus velhos equipamentos do cinema mudo.

A cena do roubo da mamadeira precisou

ser executada três vezes o que nos fez perder muitos rolos de filme".

Cena de briga no filme Fome

E a difícil cena começou:

Filmagem da cena do furto da mamadeira

"Lá estava eu, imundo, com os cachorri-nhos no colo, a olhar a multidão que passava.

Uma ou outra senhora fazia carícias em um cão. E o vai e vem infinito. Súbito chega a enfermeira com o carrinho. Para. Toma um dos cachorros. Eu olho para a mamadeira no berço. Estava tudo correndo às mil maravilhas. O povo, porém, ao ver que a enfermeira havia parado ao lado dos cachorros, também foi gostando dos pequineses e, em poucos segundos, eu tinha a minha volta, mais de dez pessoas, encantadas com os minúsculos cães à venda. As câmaras estavam trabalhando sem parar. Agora chegou a hora do roubo da mamadeira. Fazendo uma expressão de temor me aproximo ainda mais. Enfio a mão dentro do carrinho e eis a minha mamadeira. Tento escondê-la sob meu casaco, mas enquanto a enfermeira me devolvia um dos cães que a encantara, uma senhora idosa tinha os olhos em lágrimas e olhava fixo para mim. Quando a mirei ela tentou baixar os olhos disfarçando uma comoção indisfarçável.

Ela havia percebido o furto e condoída e penalizada tentava me ajudar. Foi tanto seu esforço, entrando na frente do carrinho e tentando falar com a enfermeira, que acabamos por perder a cena toda.

Chamei-lhe de lado e, com profunda delicadeza e admiração, expliquei-lhe o que estava acontecendo. As câmaras cessaram e a senhora soluçava de alegria, como se tivessem tirado um peso de seu interior.

Fomos então para a segunda tentativa, tudo se repetia, os cachorros a enfermeira passando, parando e eu finalmente furtando a mamadeira. Eu já estava pronto para a fuga quando do meu lado, um rapaz loiro e alto, que não tirava os olhos de mim, gritou: "Ou você devolve esse leite, que está ai escondido em seu casaco, ou chamo a polícia". Fiquei imóvel, a reação não fazia parte do roteiro, e ele novamente gritou: "Devolva o leite, ou chamo a polícia".

E a cena toda foi novamente perdida. Na terceira vez foi quando conseguimos. Aconteceu aquele tumulto, a agressão e saí dali direto para um pronto socorro, meu corpo doía muito, tinha escoriações e minhas pernas e braços cheias de marcas roxas. Isso tudo fizemos na Sétima Rua, ao lado do Bullocks."

Após muitos obstáculos conseguem realizar várias sequências em uma única semana e finalmente terminar o filme. "Fome" foi um dos primeiros filmes realistas feito por um brasileiro.

Nos EUA, o filme desagradou à classe política, que não desejava ver exposta a situação de miséria em que

vivia o povo americano logo após a quebra da bolsa de Nova Iorque.

Olympio durante as filmagens de Fome

Por interferência, nunca confirmada, do congresso americano, o filme encontra dificuldades para ser exibido. Suas exibições, no território americano, ficaram restritas às pequenas salas.

"Houve quem comparasse Fome com Potemkin, a película soviética muito comentada. O filme russo não obedece ao estilo rígido realista atualmente aplicado, para mim Potemkin é uma obra de arte. Minha intenção era mostrar a alma da civilização, sem disfarces e sem hipocrisia.

A respeito de George Richter, alemão de Berlim, era o mais indicado para a direção, além de um grande artista, possuidor de muita técnica, é alguém que já passou fome. Foi ele quem preferiu um filme sem ensaios, para que todas as ações fossem o mais possível realistas.

A cena do atropelamento foi considerada pela crítica a mais realista de todas. Eu mesmo cheguei a temer naquele momento.

Naquele segundo em que meu corpo bate no carro achei que poderia não sair vivo.

Mas o filme também teve cenas cortadas, numa delas eu entro faminto na igreja implorando por comida, um pedaço de pão, quando em determinado momento imagino um pedaço em minha mão, como se meu pedido fosse atendido, mas no momento seguinte ele desaparece. A cena continua com o personagem discutindo com as imagens de santos e inquirindo-os sobre quem teria roubado o alimento.

Essa cena acabamos tirando, pois nos pareceu um tanto forte para tempos atuais.

A outra cena foi quando o personagem principal se deixa barbear por um camelô vendedor de Gillettes no meio da rua. Deixei crescer aquela barba por dois meses.

Ainda sobre a cena do atropelamento, a

princípio tentamos fazer com um dublê Russo, mas não conseguimos uma empresa que fizesse o seguro, só por isso acabei enfrentando a dura tarefa."

Outras curiosidades sobre Fome foram esclarecidas por Olympio Guilherme, logo em sua chegada a São Paulo, já de volta ao Brasil

Olympio Guilherme, Norma Gaetan e George W. Richter em preparação para início de gravações

."Foi assim, observando as técnicas da Fox, passando dias e mais dias conversando com técnicos e ajudantes, que acreditei na possibilidade de produzir um filme. Além do que economizei durante anos, contei com a colaboração de muitos amigos e alguns deles ainda trabalharam de graça."

Gravação de cena com cachorros

O setor técnico contou com a montagem de Phil Holderness e Mildred Stornque acumularam a direção de arte e cenografia e a edição e os títulos de apresentação ficaram sob a orientação e execução de Júlio Ortega e Gustavo de Neve.

As locações foram a Broadway, Hollywood, Yosemite Park, Dead Valley, West Lake Park, Praia de Santa Monica em Los Angeles e Burbank.

Do elenco faziam parte, além do próprio Olympio Guilherme, Lola Salvi, Norma Gaetan, Vicente Padula, Alonso Machado, Alberto Maten, Miguel Machado, Adhemar Gonzaga, Marcela Battelini e Candido Banzato.

Lola Salvi, protagonista de "Fome".

Mesmo com muita luta Olympio Guilherme continuou tendo dificuldades para conseguir apresentar seu filme. As exibições eram cada vez mais restritas e mesmo depois dos elogios de intelectuais americanos, poucas salas na América do Norte se dispunham a apresentar a fita, pois a crítica positiva era restrita a esse setor, enquanto a crítica especializada, como que orquestrada, insistia em repetir que o cinema não fora feito para a exibição da realidade, principalmente em época de depressão.

E o filme vai para a gaveta. Olympio resolve voltar ao Brasil, logo após ter participado como Mestre de Cerimônia no lançamento de "King of Jazz", com sua conterrânea Lia Torá.

Divulgação do filme, King of Jazz, apresentado ao público por Olympio e Lia.

Antes disso, no intervalo entre o convite para a cerimônia e sua decisão de voltar, ainda teve mais uma decepção. Chamado para representar um palhaço, saiu de manhã na maior euforia, ao chegar descobriu que era apenas um teste de figurinos, que seriam usados por um ator mediano. Nesse dia ele não segurou as lágrimas.

No Brasil, "Fome" foi exibido após seu retorno, em São Paulo (Cines Primor, Paris, Parisiense, Mascote, Popular, Santa

Helena), no Rio de Janeiro, em Curitiba e no Teatro Central, em Bragança Paulista. A crítica especializada foi semelhante àquela norte-americana: não era essa a realidade que o público desejava ver.

Anúncio e comentários em jornais do Brasil

Apartando-se da rotina, "Fome", o film de Olympio Guilherme não encontra egual na indústria de Hollywood

"The New's Journal", que se publica na California, inseriu a 27 de dezembro ultimo, entre outras, as seguintes palavras que transcrevemos:

— "Raras, bem raras são as pelliculas que, como "Fome", producção independente do jornalista brasileiro Olympio Guilherme, têm despertado tamanha attenção e estudo tão severo entre os criticos americanos.

E' que "Fome" se aparta inteiramente da rotina technica dos films americanos e apresenta uma obra que, pela estructura artistica, pela profundeza psychologica, pela justeza extraordinaria de symbolos e representação de imagens de sentido figurado, não encontra egual na industria de Hollywood.

O brasileiro Olympio Guilherme produzindo esta obra demonstrou cabalmente ser de um arrojo e de uma tenacidade extraordinarios

Apartando-se das formulas estabelecidas; não ouvindo os conselhos de quem quer que fosse; procurando dar ao seu trabalho um cunho pessoal indelevel; arrostando corajosamente a sanha da critica conservadora; sacrificando o seu proprio bem estar para poder terminar a obra iniciada elle é bem o typo idealista do homem do Sul, esse typo forte que se não curva ao desanimo, que carrega, sorrindo as cargas mais pesadas e leva de vencida as barreiras menos transponiveis".

Ao contrario da crítica midiática, dita "especializada" a opinião do público era similar às publicações intelectualizadas. Fome causou discussão e agradou.

A tradução literal de um artigo do jornal Los Angeles Times, mostra um possível sucesso e é publicada com e comentários positivos:

"Gostamos do filme Fome, onde o ator Olympio Guilherme é o Herói. Acreditamos que todos que viram o filme, ou pelo menos a maioria, pensam da mesma forma. Muitas cenas foram aplaudidas em diversas seções. O filme de Olympio Guilherme é uma obra de arte, trata-se do que melhor se pode produzir em nossa época. Os locais foram bem escolhidos e as cenas esplendidas. A cena do atropelamento com automóvel é perfeita, tendo quase custado a vida do ator brasileiro. A história encerra em seu todo, um drama da vida moderna é a tragédia horrível de um estomago em busca de um pedaço de pão. O filme é digno de ser exibido a uma plateia maior e mais exigente."

O "Estado de São Paulo", jornal paulista, nas primeiras exibições de Fome, comenta:

"Foi avultado o número de espectadores, muitas filas se formaram e muitos precisaram

voltar em outros dias. A assistência de ontem entendeu o inferno da vida com necessidades. Fome é de fato, um filme de muito valor. "

Imagens de Lia Tora no cinema

Abaixo: King of Jazz

De volta ao Brasil

OLYMPIO GUILHERME

Já se acha em viagem para o Brasil no
'Notus" que vae directamente a Santos, o
nosso patricio Olympio Guilherme que todos
os leitores bem conhecem.

CINEARTE

Em 1931, com o fim de suas reservas, a falta de trabalho e vários insucessos, Olympio Guilherme resolve retornar ao Brasil. Após o desembarque em Santos, segue para Bragança onde reencontra sua família e permanece aguardando o lançamento do livro Hollywood, partindo dois anos depois para o Rio de Janeiro onde fixaria residência.

No Rio, começaria a relacionar-se com políticos de várias ideologias, estuda economia e transforma suas aventuras norte-americanas em crônicas para publicações artísticas e tenta ampliar a venda de seu filme nos cinemas do Brasil, pois seu irmão o deixara com uma distribuidora pouco conceituada.

Além de ser colaborador de várias revistas de cinema e artes, inicia uma empreitada como comentarista financeiro nos principais jornais da cidade.

Nessa época, interessa-se, sobretudo por política internacional, questões relacionadas ao petróleo e à condição de extrema pobreza e colonialismo na América Latina.

Sua experiência jornalística em São Paulo e sua

vivência nos Estados Unidos da América, onde conheceu o outro lado do sonho americano, foram o suporte para novos voos, agora em território brasileiro.

Já não era mais o jovem que saíra do interior para trabalhar na capital paulista, tinha outros interesses, principalmente na área econômica, mas não deixava de lado a cultura e a preocupação com a as condições sociais em que viviam os brasileiros.

"Hollywood foi a minha escola, o meu aprendizado sobre a vida, onde percebi que as

situações de pobreza eram iguais em todo mun-do. Fiz um mestrado na Meca das ilusões, na verdadeira escola da vida, onde o olhar das câ-meras inventam os sonhos, mas não apagam as luzes da realidade."

Se a vida em Hollywood não foi um sonho per-feito, o romance "Hollywood" foi um sucesso, vendeu bem e em pouco tempo era reeditado.

Olympio com Maria Casajuana e casal de amigos

Ainda em Bragança viaja rotineiramente para a capital paulista onde participa de encontros de arte cinema-tográfica e assina crônicas para os principais jornais da cidade.

Em um dos comentários para o jornal o Estado de São Paulo, faz uma defesa do cineasta Eisestein, pelo filme "Que viva México!", que segundo os estúdios americanos foi um projeto cinematográfico não terminado, do cineasta vanguardista Sergei Eisestein, sobre a cultura do México da época pré-hispânica até à revolução mexicana. A produção foi marcada por dificuldades e finalmente teria sido abandonada.

Uma grande mentira, Olympio esteve em contato com o cineasta desde o início.

Ele defende Eisestein, que conheceu ainda nos EUA, informando que a película revelada em laboratórios do norte americano sofreu cortes, impostos pela censura, que a transformaram em algo terrível e praticamente impossível de ser entendida.

> *"O grande diretor tendo rompido seus contrato com a Paramont, porque não quis se submeter às ridículas imposições dos estúdios, impostas desde a tentativa de filmagens de "Uma tragédia Americana", passou também a ter problemas com setores técnicos." Impossibilitado de voltar ao território americano viu seu filme ser montado, sem requisitos técnicos e de continuidade, com cortes absurdos, que conferiam a ele o tom de não acabado. O material ori-*

ginal nunca foi montado, reconstruído por outros, sob os títulos de Thunder Over Mexico, Eisenstein in Mexico, Death Day e Time in the Sun, enquanto Eisestein voltava para Moscou, impedido de permanecer na América do Norte.

O Sergei também esteve com fome, mas acabou esquecendo o que aconteceu comigo e com meu filme."

Ao termino do ano de 1933, Olympio resolve finalmente ir para o Rio, onde se estabelece.

Maio 1938 – "O Observador"

A casa em que morava Olympio Guilherme, e que ele chamava de "O solar de meus sonhos", ficava no bairro da Glória, berço da aristocracia carioca, muito próxima das sedes governamentais do centro e do Catete, com a maior concentração de embaixadas da cidade.

Ele estava escrevendo uma crônica quando recebe a visita de Valentin Bouças, editor da revista "Observador Econômico", inspirada na "Fortune" norte-americana.

Olympio, no "Observador"

Valentin, empresário e diretor da revista, precisava passar um tempo fora do Brasil e necessitava que

Olympio ficasse na direção geral do Observador.

*-Meu amigo, a partir da próxima sema-
na você estará diariamente no escritório do "Observador", agora sozinho, pegue suas tralhas,
coloque seu paletó na cadeira, pois lá será o
novo diretor geral da revista.*

E antes que Olympio esboçasse qualquer reação, Valentin completa:

*-Não aceito um não como resposta, vo-
cê é a única pessoa com capacidade e qualidade para tanto. Já escrevi um comunicado, que
será publicado em nosso próximo número, nas
bancas a partir desta segunda-feira.*

Olympio ainda relutou. Não por falta de interesse pela oferta, mas porque desejava pensar melhor. Acabou
aceitando o desafio e a partir daquele momento debruçou-
se em sua escrivaninha para estudar mudanças, novos projetos e, é claro, detalhes de seu contrato.

O "Observador" do mês de maio de 1938 vai
às bancas com o importante comunicado de Valentin F.
Bouças. Nessa mesma edição, Olympio Guilherme faz seu
agradecimento e apresenta-se como o novo diretor da revista.

Desde o início, seu projeto editorial foi definido

por um perfil essencialmente profissional, o que justificou a contratação de jornalistas como Omer Monte Alegre e Carlos Lacerda, e a colaboração de Graciliano Ramos e outros intelectuais da capital da república, como Dr. Vitor Nunes Leal, Dr. Teófilo de Andrade, Henry Kaufman, Dr. José Maria Bello.

AOS LEITORES

Ao transmittir ao meu dedicado amigo e companheiro Olympio Guilherme a direcção desta Revista, que fundámos possuidos de um mesmo pensamento e elevado objectivo patriotico, sinto-me feliz de deixar assegurados os rumos que, inspirados pelo bom senso e no desejo de servir aos altos interesses do paiz, traçamos ao preparar o lançamento de nosso primeiro numero.

"O Observador", hoje um patrimonio da cultura economica nacional, continuará sua trajectoria brilhante; e como um grande patrimonio, tal como o considero, confio-o a quem, pelo seu saber e competencia, pelo seu passado e lealdade, plenamente o merece.

Deixando a direcção d'"O Observador", pela impossibilidade material de tempo, por um lado, e pelos encargos technicos com que me distingue a alta administração publica do paiz, encargos nem sempre compativeis com as responsabilidades de critica e analyse que se impõem ao jornalista, desejo expressar a todos os amigos o meu grande reconhecimento pela excellente e valiosa cooperação que nos permittiu fazer d'"O Observador" uma publicação de que se orgulha a Imprensa brasileira.

VALENTIM F. BOUÇAS.

A revista contava também com a colaboração mensal de Ernest Hamlock e Arthur Coelho, correspondentes em Londres e Nova York, respectivamente.

As "notas editoriais" em cada edição eram compostas de textos de apresentação do conteúdo e manifestação e defesa de ideias dos editores, artigos e reportagens assinadas de colaboradores permanentes e eventuais, além de seções mais ou menos fixas, sem assinatura, intituladas

"Observações Econômicas", "Financeiras", "Produtos e Mercados", "Leis e Atos Econômicos", "Bancos e Moedas" e "Bolsas e Títulos".

AOS LEITORES

MANDAM as normas jornalisticas que, ao assumir a direcção de uma folha, escreva o seu director uma especie de plataforma para definir a nova attitude que pretende imprimir á sua folha.

Eu me dispenso, e aos leitores, da explanação de um programma, porque, mudando embora de proprietario, esta Revista, completamente alheia aos interesses de grupos ou de pessoas e prudentemente afastada de qualquer filiação de politica partidaria, não mudará de opinião nem alterará o seu feitio technico.

Devotada ao estudo de nossos problemas economicos e financeiros, "O Observador" será a mesma Revista fundada por Valentim Bouças e hoje mundialmente acatada como uma das mais perfeitas publicações do seu genero: uma Revista que colloca o interesse nacional ácima de tudo e que deixará de existir no dia em que, por este ou aquelle motivo, não puder manter essa independencia de opinião fóra da influencia dos ignorantes e dos homens que no Brasil infelizmente se utilizam do jornal como instrumento passivo a serviço de suas proprias ambições.

OLYMPIO GUILHERME

As edições repercutiam, também, as declarações coletivas de princípios sobre economia brasileira que marcaram o debate político dos anos finais do Estado Novo e o início da redemocratização do país, já aceitos pelo próprio Vargas, como forma de manutenção de poder.

A revista era sustentada pela propaganda comercial, principalmente de multinacionais e construtoras, além do próprio governo.

O projeto de Olympio era trazer novos intelectuais para os artigos, cada vez mais elaborados para manter a grande tiragem e as quase duzentas páginas da revista.

Seu primeiro ato foi mandar buscar seu amigo Oswaldo, de Bragança Paulista, para ajudá-lo na direção da empresa, que sentiria a falta do competente Valentim.

Oswaldo, então, muda-se com a mulher e os dois filhos, Carlos e Oswaldindo, para a Rua Silveira Martins na capital, bem próximo ao palácio do Catete, onde os meninos esperavam todos os dias para acenarem ao presidente em sua chegada, antes de irem para a escola.

Carlos, o filho mais novo, esperava ansioso a chegada dos domingos, para passear com tio Olympio, que adorava crianças, mas sua esposa, devido a problemas de saúde, não podia ter filhos.

"Tio Olympio passava em casa e levava

a gente para conhecer o Rio, sempre íamos às corridas da Gávea. Mas íamos também para o Horto e na Quitandinha, quando ele era o diretor.

Em 1938, vi a vitória do Pintacuda, me emocionei com a corrida, com o público. Tudo era novidade para nós que vinhámos do interior de São Paulo. O Pintacuda era soberano naquela pista. Era chamado de "Herói da Gávea". Depois da corrida Olympio nos levou para conhecer o corredor.

Era muito bom morar no Rio de Janeiro, conhecer tudo aquilo que nosso tio nos apresentava, aquilo era um mundo diferente do nosso."

O corredor Pintacuda, "Rei da Gávea".

Olympio pretendia aproximar a revista de uma grande parte da população que não tinha o costume de ler publicações mais profundas. Para isso, ao mesmo tempo em que contratava intelectuais, ele divulgava artistas populares de qualidade e matérias de interesse geral.

Uma corrida de automóveis na Gávea, RJ

DIP – Da censura à cultura

Logomarca dos noticiários em cinemas

O Departamento de Imprensa e Propaganda (DIP) era um órgão criado em dezembro de 1939, por decreto do presidente Getúlio Vargas.

A organização do DIP era composta por cinco divisões, dedicadas aos setores considerados estratégicos para a propagação do ideário do regime de Vargas. A Divisão de Radiodifusão era uma das mais destacadas, juntamente com a Divisão de Imprensa, a qual cabia o controle do conteúdo que se veiculava pelos jornais, revistas e livros brasileiros. Havia ainda a Divisão de Cinema e Teatro e a Divisão de Cultura

O DIP serviu como instrumento de censura e propaganda do governo durante o Estado Novo, mas estava empenhado também em construir e unificar o país através de um amplo projeto cultural.

O objetivo inicial para a criação de um departamento de propaganda era persuadir as classes trabalhadoras, do campo e da cidade, que o novo governo instaurado em 1937 pelo Estado Novo, não se tratava de um golpe, como pretendia a oposição, mas estava baseado numa ideologia, avessa ao pensamento da classe dominante, que até então jamais governara para o povo, privilegiando sempre as mesmas castas desde o império.

> *"Em outras palavras, mostrar que as ações do governo Vargas correspondiam aos interesses do povo e aos interesses gerais da "nação," diria posteriormente Olympio Guilherme."*

O objetivo imediato do DIP era divulgar a subordinação do Estado à vontade popular e mostrar através de peças publicitárias a proximidade de Getúlio com a população. As decisões governamentais eram voltadas às necessidades de melhorias na qualidade de vida.

Partiria-se, posteriormente, com a elaboração de uma ideologia que compreendesse a criação de um pensamento unificado, formador de uma cultura nacional, apoiado nas artes, educação e qualidade de ensino, com mensagens passíveis de serem compreendidas e aceitas.

As reformas no ensino, até então precário e reservado às elites, e a diminuição no índice de analfabetismo eram fatores indicativos importantes para o sucesso do governo.

As ideias propagadas deveriam ser simples e exaustivamente repetidas, como músicas, para serem facilmente aceitas. Precisavam chegar ao rádio e aos jornais de forma a aumentar a autoestima e causar orgulho na população, que se sentia sempre alijada das decisões.

Difundiria-se o conceito de que o novo governo era o mais adequado, ao mesmo tempo em que se construiria uma nova geração que seria aprimorada a cada ano, formando-se uma cultura e colaborando com a soberania nacional.

Logo após a criação do DIP, Olympio é contratado por Getúlio Vargas. Ele seria útil tanto na divisão de imprensa, quanto na de cultura.

Getúlio havia ligado em várias ocasiões para Olympio para convidá-lo a assumir uma diretoria, e sempre tivera sua recusa, pois ele não concordava com a perseguição política e as prisões ilegais coordenadas por Filinto Müller, um chefe de polícia, que contaminava todo o governo, já conhecidas antes da criação do DIP.

Só depois de muita conversa, quando o presidente lhe dá garantias de independência em seu setor, Olympio Guilherme finalmente aceita o cargo.

No departamento, Olympio leva a fama de ser um dos principais responsáveis pelas perseguições impostas à imprensa de oposição, o que não era verdade. Existia por trás dessa acusação um fator muito mais importante, que era a negação da evolução social indesejada pela grande mídia, comandada por uma elite privilegiada, que não queria perder mordomias. A propaganda de um novo país, onde a cultura artística trabalhasse visando a mudança de costumes, era indesejada e combatida pela imprensa nacional, cujos donos detinham o monopólio da informação.

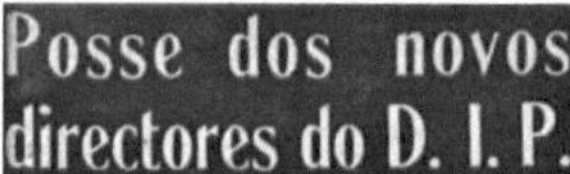

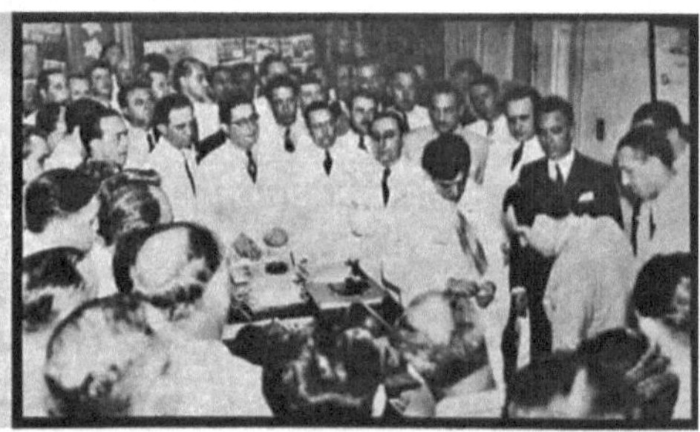

Posse dos novos directores do D. I. P.

REALIZOU-SE no dia 6 p. p., com a presença de altas autoridades, jornalistas e outras pessoas gradas a posse dos novos chefes de serviço do Departamento de Imprensa e Propaganda, nomeados recentemente por decreto do presidente da Republica. O sr. Lourival Fontes, director geral do D. I. P. deu posse aos seus novos auxiliares, que são os seguintes: Olympio Guilherme, director da Divisão de Imprensa; Alfredo Pessoa, director da Divisão de Divulgação; Julio Barata, director da Divisão de Radio; Israel Souto, director da Divisão de Cinema e Theatro; Assis Figueiredo, director da Divisão de Turismo; Lycurgo Costa, chefe dos Serviços Auxiliares.

Tambem foi empossado no cargo de thesoureiro o sr. Antonio Nicolão Gemal. Os novos chefes de serviço assumiram, em seguida, as respectivas funcções.

Na pagina, flagrantes feitos por occasião da posse, vendo-se, em baixo da pagina, uma pose dos novos chefes de serviço do D. I. P. em companhia do sr. Lourival Fontes.

Jornais anunciam as posses no DIP

Ainda que Olympio mantivesse contatos com a direita e a esquerda, era acima de tudo um nacionalista ferrenho. Participava, sim, da propaganda do "Estado Novo", mas pouco interferia na área de censura política propriamente dita.

Logo no início de seu trabalho no Departamento, vê-se as voltas com a prisão Lia Torá.

Ao retornar ao Brasil, Lia passa a compartilhar com o marido da paixão pelas corridas automobilísticas e chega a integrar o Circuito Gávea, no Rio de Janeiro. Com ele participa na indústria desse entretenimento até abandonar a carreira em maio de 1938, acusada de ser cúmplice na conspiração nazifascista que pretendia um golpe contra o governo do presidente Vargas. É acusada pelo Tribunal de Segurança Nacional por participação no Levante Integralista de 11 de maio daquele ano.

No Departamento de Propaganda, Olympio ajuda a criar novos produtos de informação, como o caso do Jornal Última Hora, de Samuel Wainer, totalmente financiado pelo Banco do Brasil, que apoiava e divulgava a propaganda do Estado Novo, ainda assim mantendo certa liberdade e independência editorial.

Olympio cumpria sua missão na área cultural e de divulgação, fazia com que elas se comprimentassem. Ele era um homem de cultura teórica e prática, um otimista com relação ao mundo, o que se tornava muitas vezes um problema.

Era leal e, consequentemente, admirador da lealdade e do caráter das pessoas. Odiava a hipocrisia, que muitas vezes via, principalmente, entre velhos amigos.

Não era um falso moralista, pouco se importava com as relações pessoais das pessoas.

Considerava a importância do dinheiro, mas não como fator fundamental para a felicidade.

Buscava constantemente o conhecimento e o aprimoramento pessoal. Jamais se importaria com o estrelismo, embora tivesse lutado por atuar em Hollywood.

Era leitor assíduo de Olavo Bilac, Eça de Queiroz, Balzac, Anatole France, entre outros romancistas e filósofos. Tinha gosto musical aprimorado, com especial destaque para Chopin.

Admirador de Napoleão e Lincoln, desejava que a morte o pegasse no sono.

O trabalho exercido no DIP, de certa forma, tinha continuidade no Observador Econômico e Financeiro, onde sua erudição cultural o ajudava a manter elevada a qualidade das publicações.

As atitudes que tomaria frente ao DIP, muitas vezes seriam confundidas com simples censura, mas eram, na verdade, um modo de forçar rádios e clubes a melhorar a qualidade de suas apresentações, pois Getúlio Vargas sempre teve a consciência da importância da música como acesso ao imaginário popular.

O samba foi particularmente visado dentro dessa ação, o famoso samba-malandro, com sua persistente menção aos malefícios do trabalho, o incentivo à bebida alcoólica e à malandragem, à submissão da mulher, ou sua insistente qualificação como traidora, eram parte de uma cultura a ser modificada e isso jamais poderia ser feito por vias democráticas, dentro de uma realidade na qual a população só se entrega ao que é mais fácil, ao que conhece, às tragédias de sua própria vida. É um círculo vicioso porque a mídia privada tradicional nunca lhe oferece nada diferente disso.

Para Olympio, a mudança de costumes passava pela evolução cultural e isso deveria ser feito a partir da música, levada aos lares pelas ondas do rádio, logo o primeiro degrau da formação popular, a primeira a ditar costumes.

Assim fortalece a presença de Ary Barroso, Paulo Barbosa e Alcyr Pires na Rádio Nacional e "não há mais lugar para o elogio da malandragem nem das tragédias domésticas".

Criava-se então o samba-exaltação que, desenvolvido sob a clara influência das postulações nacionalistas e modernizantes do Estado, teve na "Aquarela do Brasil", de Barroso, sua obra mais representativa.

Ary Barroso começou a vestir o samba, o tirou das esquinas e terreiros para levá-lo ao Municipal. Ary vestiu a primeira casaca no samba junto com Radamés Gnatalli, outro entusiasta das mudanças colocou uma orquestra no ritmo que, tratado com extremo bom gosto, vai da Rádio Nacional para o mundo.

"A música entra na casa de todos e grande parte da massa popular as repete. Como mudamos uma sociedade que, através de suas canções enaltece o álcool, a briga, a submissão da mulher, a falta de atitudes?"

Agora o samba já possuía seu lugar definitivo entre as músicas populares de qualidade, era elegante, e representava uma nação soberana diante do mundo.

Em discussões nos cafés da capital, Olympio confirmava sua função:

"Eu transformava em propaganda as conquistas do Estado Novo. Os departamentos estavam bem servidos e recheados com mentes brilhantes. Estando na imprensa eu era o ouvido

e porta voz das ruas e também o mensageiro das mudanças."

Gustavo Capanema, que não pertencia ao setor, pois era ministro da Educação, tinha uma grande importância na montagem do esquema.

O time que colaborava com Olympio era aprovado por Capanema e aos poucos montado pelo governo, sem alarde, mas a oposição creditava todas as mudanças a um mero ato de censura contra oposicionistas, o que definitivamente não era o caso, por exemplo em relação ao samba-malandro.

Gustavo Capanema, com o auxílio de seu chefe de gabinete, Carlos Drummond de Andrade, nomeou como inspetores federais de ensino secundário Graciliano Ramos, Manuel Bandeira, Marques Rebelo, Murilo Mendes, Henriqueta Lisboa e Abgar Renault. Designou Augusto Meyer e Sérgio Buarque de Hollanda, respectivamente, para o Instituto Nacional do Livro e a Biblioteca Nacional; Rodrigo Melo Franco de Andrade para o Serviço do Patrimônio Histórico e Artístico Nacional (concebido a partir de projeto encomendado a Mário de Andrade, que também contribuiu com o Instituto Nacional do Livro). Oscar Niemeyer e Lúcio Costa detalhavam o projeto de Le Corbusier para o novo prédio do MEC no Rio de Janeiro, um clássico do modernismo arquitetônico. Cândido Portinari pintava com beleza incomparável, os murais do edifício.

Olympio começa a interferir na programação da Rádio Nacional, que fora incorporada ao patrimônio da União em 1940.

O DIP ainda figurou com destaque na "Política da Boa Vizinhança" desenvolvida pelo presidente norte-americano Roosevelt, e na aproximação "Pan-Americanista" de Getúlio para garantir hegemonia brasileira no pós-guerra.

Nesse contexto, tornou-se comum que músicos brasileiros acompanhassem Getúlio em suas viagens ao exterior. Isso já ocorria desde 1935 pelo menos, ano em que Carmen Miranda e o Bando da Lua acompanharam o Presidente em visita à Argentina e ao Uruguai, visando "reforçar a simpatia do sorriso presidencial".

Carmem Miranda entra para a história como exemplo de construção artística para a divulgação da imagem brasileira no exterior e aumento da autoestima local. Ela promove a cooperação interamericana e se consolida como artista. Seu papel nas relações com os EUA se torna preponderante.

Foram criados programas de música popular e informação como "Uma Hora do Brasil", produzido e irradiado pela Rádio El Mondo, de Buenos Aires, em 1939, com financiamento do DIP. Houve ainda, a irradiação de pelo menos um programa especial de "A Hora do Brasil" para a Alemanha.

Num momento posterior de aproximação cultural

com os EUA, o DIP firmou contrato com a CBS para a transmissão de programas brasileiros nas 120 estações da rede.

Carmen Miranda, um trunfo do Estado Novo.

Com todas as mudanças impostas, as artes começavam a tomar novos rumos e a cumprir seu papel de transformador da sociedade. Preparam a nova geração, na esperança de que os anos 50 tenham uma nova fisionomia cultural.

"Estavam abertas as porta para os poetas", dizia Olympio:

"Talvez dentro de quinze, ou vinte anos, quem sabe na década de 60, se tudo der certo, se esse processo tiver continuidade, tenhamos uma nação um pouco melhorada pelas artes".

"Não será a música apenas que terá

um caráter transformador, mas um conjunto de atividades artísticas, somadas a noções de cividade, já implantada nas escolas, que ainda conta com o aprimoramento do aprendizado em história, filosofia e sociologia".

Olympio sabia da importância do seu setor dentro do DIP e coordenava as ações que lhe cabiam. Ações nas áreas artísticas, sociais, trabalhistas, que se tornavam peças da propaganda. Assim, era comum que alguns setores estivessem interligados e dependentes uns dos outros.

Questionado sobre a forma ditatorial das medidas, sempre repetia que no mundo não ocorrem mudanças de costumes de uma hora para outra. Ou são impostas de maneira inteligente, mudando-se o nível do sistema social através de incentivos imediatos para que se tornem exemplos e se multipliquem, ou jamais ocorrerão.

Assim como os Estados Unidos da América usavam o cinema para a propaganda local e externa, o Brasil também pretendia usar a força de seus artistas e intelectuais para a divulgação e para a construção de uma mentalidade coletiva.

Para tudo isso contribuiu sua passagem por Hollywood, sua cultura refinada desde a infância, seu contato com a população adquirido nas redações e nas ruas como repórter, seu relacionamento com os modernistas, sua relação com Pagu e, acima de tudo, sua fina observação social comprovada no filme "Fome". E isso aliado, é claro, à vontade de Getúlio Vargas em mudar o país e à confiança depositada nos membros do DIP.

Olympio foi uma das pontes de aproximação dos intelectuais com o governo, Gustavo Capanema era responsável pela estrutura, e ainda que o Estado Novo fosse justamente considerado uma ditadura, várias reformas de base foram executadas e agradavam a população. A reforma cultural seria a única forma de manter essas conquistas.

"Nós precisamos do apoio intelectual, repetia ele. Era importante uma distinção entre os ideólogos e os "expertos" para a mudança.

Essa aproximação com intelectuais será mais importante quando terminar o governo, pois se tornará uma garantia da continuidade do trabalho por nós executado.

Várias instituições criadas nesse período vão manter suas atribuições, ainda que no futuro tenham seus nomes modificados, como o Instituto do Patrimônio Histórico e Artístico Nacional recém-criado em 1936 será de suma importância.

Mas o principal embate de nossa época é decidir quem definirá o projeto cultural, o Estado ou o mercado e parece claro que só o estado poderá fazer, pois ao mercado interessa apenas o lucro e esse não importa se viria de um samba-malandro, ou de Villa Lobos, uma vez que a população, se mantida na ignorância total, só absorve o que é fácil entender, o que diz respeito ao seu cotidiano, ou seja, quanto mais tosca a produção, mais lucro terá a indústria."

Seu pensamento era muito claro nesse sentido. Olympio acreditava que só o estado poderia definir parâmetros e gerir a arte como forma de evolução cultural e no futuro propiciar a criação da nação. À iniciativa privada importava apenas lucros.

"Lembrem-se, que se não fosse o estado, brasileiro no caso, Richard Wagner jamais teria composto Tristão e Isolda. O estado foi responsável por isso por intermédio de D. Pedro II."

"Cultura Política" era a revista oficial mensal de estudos brasileiros, diretamente vinculada ao DIP e que tinha como propostas principais a promoção da nova concepção de cultura, além de apresentar explicações sobre os rumos das transformações político-sociais em curso no país. A revista era a afirmação da posição dos intelectuais e seus papéis, fundamentais na instauração da "nova ordem", na formação da opinião pública para unir governo e povo, traduzindo a voz da sociedade.

Guimarães Rosa, um dos grandes escritores

brasileiros, era médico e diplomata e foi como diplomata que representou o Brasil na Alemanha entre 1938 e 1942, mais um exemplo da proximidade de intelectuais com o Estado Novo.

Reporter Esso, um produto do DIP

Também foram criados os Ministérios do Trabalho e o da Educação para construir o novo brasileiro:

"O primeiro cuidava do presente, pois o trabalho integrava o homem à sociedade, e o outro pensava o futuro", afirmava Olympio.

A palavra cultura não aparece, necessariamente na política cultural mais consistente que o Brasil já teve até aqui, mas ela é a razão de tudo. E para a cultura não importa o lado político dos colaboradores e eles entendem isso", explica Olympio ao comentar a propaganda governista."

Getúlio Vargas com Villa Lobos e outros intelectuais

O DIP chegou a proibir a veiculação de cerca de 100 programas de rádio e quase 400 músicas por ano, fosse pelo conteúdo nocivo aos interesses da pátria, fosse por letras de moral questionável, sobretudo em se tratando das marchas de carnaval.

O comunismo foi a palavra mais citada pelo grupo ligado a Filinto Müller e normalmente usada como desculpa às suas ações. Conseguia-se, assim, o apoio de camadas mais ignorantes da população, que sequer sabiam o significado da palavra comunista.

Era o lado obscuro do governo, que manchava as ações do DIP, como se desse departamento, saíssem as ordens para o comportamento fascista.

Através do recém-criado Ministério da Educação, do DIP e suas intervenções, da Rádio Nacional e de todos os intelectuais ligados direta ou indiretamente ao projeto, de acadêmicos a modernistas, de Oscar Niemeyer e Lúcio Costa a Graciliano a Lacerda. O Brasil começa a experimentar seu lado mais evoluído.

Tudo caminhava em direção a uma nova geração, soberana, culta e independente.

O projeto previa um grande futuro.

Trabalho do DIP na propaganda. Abaixo Carmen Miranda e Aquarela do Brasil

Pagu

No Brasil já há algum tempo, Olympio reencontra Patrícia, que agora é conhecida pelo nome artístico de Pagu. Ela é uma dos jovens talentos da vanguarda artística do Brasil, ao lado de Oswald de Andrade, Tarsila do Amaral, Mario de Andrade, Raul Bopp e outros.

Os dois se encontram casualmente no Aeroporto Santos Dumont, no Rio de Janeiro, onde ele fica sabendo que Patrícia tinha se casado com Oswald, em 1930, numa cerimônia estranha no Cemitério da Consolação. Algo insólito, mas típico dos modernistas. O casal teve um filho, Rudá.

Entre seu trabalho, 70 poesias encontravam-se censuradas pelo governo de Getúlio Vargas.

Esse tipo de censura era o atraso no seio do governo, que pretendia ser progressista.

Olympio não concordava com essa ação, considerada por ele como ataque puritano, falso moralista, fascista de Filinto Müller que crescia dentro da ditadura Vargas.

Oswald separou-se de Tarsila, para casar-se com Patrícia, mas um ano depois separava-se da nova esposa, ainda que vivesse um triângulo amoroso com as duas.

Enquanto Pagu alinhava-se com a vanguarda da intelectualidade, e se tornara uma ativista de esquerda,

Olympio continuava indefinido ideologicamente, estava preso ao seu projeto no DIP e escrever seus livros, principalmente em virtude do sucesso com "Hollywood", mas era pouco.

Patrícia era filiada ao partido comunista do qual faziam parte vários amigos de Olympio, entre eles Carlos Lacerda, jornalista carioca.

O partido era oposição a Getúlio, principalmente pelas prisões ilegais e torturas, algumas mundialmente conhecidas e combatidas, como as sofridas por Carlos Marighella, ou pela companheira de Harry Berguer, ou mesmo a extradição e morte de Olga.

Mas justamente pelas mudanças sociais e culturais que estavam ocorrendo no Brasil e que precisariam ter continuidade, existiam setores do comunismo que não disfarçavam uma certa simpatia com a ditadura.

Pagu e Olympio sequer falam sobre a prisão e sua libertação em 1933.

Posteriormente ela publica, sob o pseudônimo de Mara Lobo, o romance Parque Industrial, que foi considerado o primeiro romance proletário da literatura brasileira. Na França, foi pega pela polícia francesa com documentos falsos, o que lhe garantiu mais uma prisão. Foi liberada após intervenção do embaixador brasileiro Souza Dantas junto ao governo francês.

Olympio faz um breve elogio ao seu livro.

Ele e Pagu conversam por duas horas no aeroporto e viajam no mesmo voo para São Paulo, como bons amigos.

Uma das detenções de Pagu

Em Congonhas se despedem, por um momento Olympio devaneia como seria sua vida se ainda estivessem juntos. Um abraço tímido, um olhar e um sorriso breve selam a despedida.

Conheça mais de Pagu usando o Código QR em seu smartphone

Lacerda

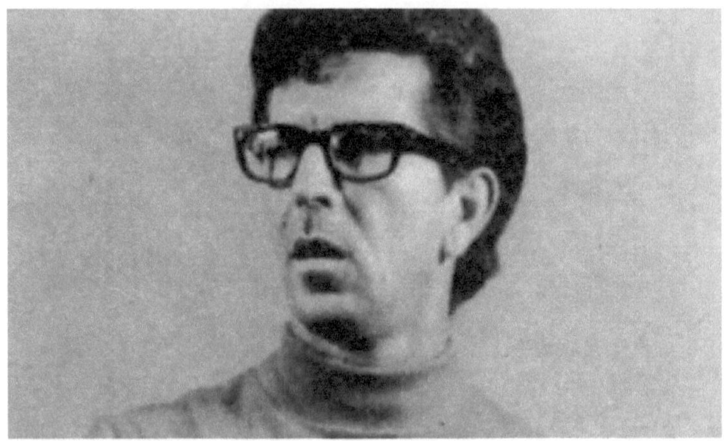

Jornalista Carlos Lacerda

Na Capital Federal, além de seu trabalho no DIP, Olympio continua na direção da revista Observador Econômico Financeiro e começa a diversificar a linha da revista.

Próximo à década de 1940, desejando aproximar-se dos membros do PCB e aumentar seu elo com a esquerda brasileira, Olympio contrata o jovem e promissor jornalista Carlos Lacerda, do Partido Comunista Brasileiro, que desde os 16 anos colaborava com o "Diário de Notícias".

-Carlos, eu ficaria muito satisfeito em contar com a sua capacidade jornalística em nossa Revista.

-Agradeço a confiança, me sinto envaidecido com o convite.

-Conheço bem seu trabalho e seu bom relacionamento com o Diário de Notícias, mas acredito que uma revista mensal com a nossa tiragem vá ajudá-lo a evoluir na profissão.

-Sim, também concordo, mas e o "velhinho", você é bem relacionado com ele, faz parte do DIP e eu estou no Partido Comunista.

-Getúlio está em paz com os comunistas, teve é claro anos de crise, mas foram provocados pela necessidade de mudanças estruturais, que eles não entenderam a princípio.

-Estou pronto para aceitar seu convite, assim iniciamos quando?

-Já.

Dias após ser contratado, Lacerda, atendendo a um pedido do DIP, entrevista integrantes do Partido Comunista Brasileiro para traçar um histórico do comunismo no Brasil. Olympio decide publicar a matéria na íntegra:

"Como membro do PCB, Lacerda entrevista camaradas comunistas e conclui sua reportagem com o título de "A exposição anticomunista", publicado em janeiro de 1939."

Embora tentasse "adoçar" e enaltecer a imagem do PCB, e até omitir alguns dados da legenda perseguida por vários setores, o resultado foi catastrófico.

A reportagem foi péssima para os comunistas, pois além de citar nomes de simpatizantes da causa, divulgou dados internos da organização.

Olympio não se dera conta conta do alvoroço que produziria.

Após sua divulgação, Lacerda passa a ser ignorado pelos companheiros comunistas, pois temia-se a perseguição do governo. Pouco tempo depois é desligado do partido.

Lacerda e Oswaldo Russomano em reunião no sindicato dos motoristas, na cidade de Bragança Paulista.

O jornalista permanece ligado ao "Observador", mas não consegue mais trabalhar como freelancer em outras publicações no Rio, e muda-se temporariamente para São Paulo, chegando a participar de ações políticas no interior.

Consegue reerguer-se, e em pouco tempo retorna ao Rio para construir uma nova base política e começar a pavimentar uma avenida para o poder.

"Tive de abrir meu caminho a machadinha, como um mateiro no meio da selva, cortando os cipós, me espetando nos espinhos, para me livrar da solidão da selva a que foi condenado'".

Carlos Lacerda – Imagens e falas

Graciliano Ramos

Graciliano em foto familiar

Graciliano sempre dizia "somos criaturas medíocres, nem deuses nem diabos. E não nos interessa, fora das obras eternas feitas por degenerados extraordinários, a representação de anomalias."

O escritor lamentava que a leitura de romances brasileiros, mesmo quando se tratava dos melhores romancistas, somente poucas vezes não redundasse numa "impressão de que os nossos escritores não conseguem fazer senão trabalhos incompletos".

Era desejo de Olympio ter Graciliano no grupo dos intelectuais que poderiam colaborar com a formação cultural do país, mesmo sendo ele um dos perseguidos pelo regime Vargas.

Olympio o convida inicialmente para participar da revista "Observador Econômico".

Graciliano Ramos foi preso após a Intentona Comunista, tendo seu nome vinculado à doutrina. A falta de provas e a luta de amigos devolveram-lhe a liberdade alguns meses depois. Mas as marcas da prisão ficariam para sempre na sua vida

Se por um lado não lhe agradava colaborar com o governo Getúlio, por outro atraía-lhe a motivação de participar de mudanças culturais, embora não se julgasse à altura.

No Rio de Janeiro, era inspetor federal de ensino. Já era conhecido desde 1933, ano em que publicou Caetés. Seus livros não vendiam muito e o que recebia da editora sequer dava para sobreviver.

> *-Anteontem, como necessitasse dinheiro para pagar a quinzena da pensão, fui ao Observador Econômico, onde me deram cem milréis por aquela miséria que escrevi em casa de Zélins. - diz* Graciliano em carta enviada à sua esposa, que se encontrava no nordeste. *- Isso é um horror, não vale cinco tostões. Um horror de artigo.*

No segundo artigo "O fator econômico no romance brasileiro" ele continua surpreso com os valores pagos pelos seus artigos e nas cartas para a esposa, refere-se sempre com espanto sobre Guilherme:

> *-Mordi cinquenta mil réis do homem.*

Apesar de ter sido uma miséria o que escrevi, o Olímpio pediu-me outro de três páginas, uma coisa comprida, muito chata, mas que vai me render uns cem ou duzentos mil-réis...

Por enquanto eu vou vivendo desses artigos.

Vou cavar os cobres com outro artigo enorme, ele já me adiantou que fará o pedido, ainda sobre a literatura do Brasil.

Dias depois, em nova carta ele volta a tocar no assunto:

"Hoje falei pelo arame com o diretor da revista e aceitei a encomenda dum artigo, mais um sob medida: três páginas, três mil palavras a respeito da influência da economia no romance brasileiro.

Como da outra vez, deixei a composição das besteiras para a última hora.

Sempre na última hora..."

Olympio, por sua vez, o admirava:

"Graciliano Ramos é um sujeito benquisto. Embora não participe de igrejinhas. Não frequente os críticos. Não tem papas na língua. E suas declarações são suficientes para trans-

formá-lo num "marginal literário".

As opiniões ácidas do escritor sempre causavam danos no relacionamento com seus pares.

Entre outras coisas, Graciliano caiu ferozmente em cima da Semana de Arte Moderna, considerando-a uma tapeação. Criticava também os romancistas nordestinos da década de 30, então na moda, chamando-os de uns "analfabetos de talento".

Mas Olympio acreditava no poder de sua escrita. Sendo amante de fotografia, via-o como um fotógrafo das palavras, que não perdia um único detalhe. Sabia de suas necessidades financeiras e de seu desapego às relações sociais, principalmente quando se tratava de bajulações hipócritas.

Olympio e Ramos encontram-se para um café, em uma nova solicitação de trabalho:

-Não sei porque chama isso de trabalho Olympio, se eu estivesse no seu lugar não pagaria um tostão por essas palavras sem nexo.

-Felizmente você não está meu caro e quem paga sou eu, isso porque valem muito mais.

-Me diga alguém lê esses artigos?

-Se não os lessem eu não lhe encomendaria. São bons, acredite, os mais comentados da Revista. Vamos em frente, continue-

mos com nosso trabalho, eu sugiro o tema e você deixa o artigo na redação, mas, por favor, nos próximos, não deixe para a última hora.

-Prometo, se antes não morrer de tédio... Sabe, esses artigos que você me pede são definitivamente chatos.

Em outro encontro com Ramos discutem literatura, mas o tema social não fica ausente:

-Em 1937, três meses depois de sair da cadeia, você atacou os críticos passadistas Graciliano...

-São criaturas empalhadas em bibliotecas que menosprezavam autores comprometidos com as temáticas sociais:

-São eles a maioria seus colegas escritores.

-Os inimigos da vida torcem o nariz diante da narrativa crua, da expressão áspera. Querem que se fabrique nos romances um mundo diferente deste, uma confusa humanidade só de almas, cheias de sofrimentos atrapalhados que o leitor comum não entende.

-Sua preocupação social não será, realmente, encontrada na maioria.

-Põem essas almas longe da terra, soltas no espaço. Um espiritismo literário excelente como tapeação.

-Apenas a literatura usual, fiz isso em Hollywood.

-Não, você narrou aquela realidade, floreada sim, mas real para os que buscam aquele sonho fútil.

-A miséria é incômoda. Você mesmo já escreveu sobre o tema.

-Não toquemos em monstros. São delicados, são refinados, os seus nervos sensíveis em demasia não toleram a imagem da fome e o palavrão obsceno. Façamos frases doces. Ou arranjemos torturas interiores, sem causa.

-Assim esquecemos as torturas sociais?

-E a literatura se purificará, tornar-se-á inofensiva e cor-de-rosa, não provocará o mau humor de ninguém, não perturbará a digestão dos que podem comer. Amém.

Olympio celebrava o fato de ter sido ouvido por Getúlio e Gustavo Capanema, de ter feito sua parte nessa construção. Esse seria o grande feito de sua vida.

Orgulhava-se por estar participando dessas mudanças culturais, mas vivia um conflito pessoal. Pagu, presa em 1945 continuava na cela e ele não podia fazer nada. Insurgir-se contra a polícia de fanáticos criada por Filinto, não garantiria sua liberdade e por outro lado o afastaria da possibilidade de lutar pelas mudanças socioculturais.

Era a luta por um bem maior, que poderia transformar o país e garantir anos melhores para a maioria da população, contra a vontade pessoal de lutar pela amiga injustiçada. Seu conforto, se é possível chamar assim, é que Carlos Prestes naquele momento também deixou de lado o assassinato de Olga, e as atrocidades cometidas contra o casal, por um bem maior.

Olympio Guilherme sempre fez questão de citar nomes e agradecer repetidamente o grupo, que na educação, ou dentro do DIP colaborava para tantas mudanças e o fazia não apenas na função de divulgador, de chefe da imprensa, mas como brasileiro, que acredita em um novo Brasil.

Graciliano Ramos em sua residência

Um tiro na boca

Assis Chateaubriand com Getúlio Vargas.

Em virtude de sua ligação com Getúlio Vargas, Olympio desenvolveu uma grande amizade com Assis Chateaubriand, então dono de grande parte da imprensa nacional, os Diários Associados, e por isso ligado ao governo federal, ainda que pesasse a inimizade deste com seu outro grande amigo, Cásper Líbero este sempre oposicionista.

Era normal que estivessem juntos em jantares, reuniões, discussões sobre projetos culturais e principalmente sobre jornalismo.

Em setembro de 1941, Olympio Guilherme acompanha Assis Chateaubriand num hangar do Aeroporto Santos Dumont, no Rio de Janeiro, para a inauguração do avião Augusto Severo.

Assis fazia uma campanha nacional para que o Brasil tivesse mais aeroportos e angariava aeronaves para os mesmos, junto a empresários.

A campanha "Deem Asas ao Brasil", iniciada durante a segunda guerra mundial, pretendia formar pilotos para a reserva da Força Aérea Brasileira e contava com o apoio do Ministro da Aeronáutica, Dr. Salgado Filho. A ordem era adquirir e distribuir centenas de aviões, para outras centenas de aeroclubes que estavam sendo fundados e que se espalhavam por todo o território nacional.

"Neste ano começamos a campanha pela aviação civil que atingia seu ponto mais alto, e fixou a data para o batismo de mais um teco-teco destinado ao Aero Club de Pelotas, no Rio Grande do Sul.", conta Olympio Guilherme.

Olympio, além da cobertura jornalística ainda se fazia presente como amigo de Assis. Uma dessas ocasiões foi a da entrega do primeiro avião destinado ao "Aero Club de Bragança", um pedido de seu amigo Oswaldo Russomano. O J-3 PIPER CUB de 65hp, prefixo PP-TMJ, de fabricação norte-americana, batizado como "Alcântara Machado" foi doado por Peixoto de Castro, à época dono da Loteria Federal, graças à amizade dele com o idealizador da campanha.

Nesta ocasião estava presente toda a imprensa

carioca e as autoridades locais. Encerrada a cerimônia de batismo, iniciou-se um coquetel.

Chateaubriand estava ao lado da aeronave e conversando com a madrinha da mesma, enquanto Olympio Guilherme servia-se de um champanhe, quando se aproxima o tenente Paulo Bockel.

O próprio Olympio explica a ocorrência:

"As cerimônias de batismo dos aviões, doados à memorável campanha, revestiam-se do aparato natural que Chateaubriand sabia dar às suas iniciativas.

Nessas ocasiões compareciam altas personalidades oficiais, além de numerosos convidados que prestigiavam aquele patriótico movimento. Para o batismo do avião destinado a Pelotas eu também convidara o vigário de Juiz de Fora, jovem sacerdote intimamente articulado com o movimento aviatório.

A festa teve lugar, por uma radiosa manhã, na Zona Militar do Aeroporto Santos Dumont, com a presença do então Ministro da Aeronáutica, Salgado Filho, e de numerosa assistência.

Concluído o batismo da aeronave, quando Chateaubriand, de taça em punho, ao lado do avião, discursava eloquentemente sobre o sentido cívico do ato surgiu no meio da assis-

tência um jovem que partiu para o orador e, sem dizer uma palavra o prostrou por terra com um soco em pleno rosto.

Era o irmão do moço contra quem Chateaubriand, naquele mesmo dia, havia publicado mais uma de suas verrinas. Aconteceu, então, o inesperado:

Mesmo no solo, cego pelo champanhe esborrifado de sua taça, o jornalista sacou de sua arma. A multidão, apavorada, fugiu aos gritos, em todas as direções. Estabeleceu-se o pânico.

Eu, ao lado de Chateaubriand, tentava arrebatar-lhe a arma, segurando-lhe fortemente os braços.

Ainda prostrado por terra e quase imobilizado por mim, o jornalista, confundindo-me com seu antagonista, conseguiu puxar três vezes o gatilho. O primeiro tiro localizou-se no ombro do agressor; o segundo perdeu-se no espaço sem ferir ninguém. Mas, em dado momento, virou-se conseguindo desvencilhar-se, Chateaubriand puxou o gatilho pela terceira vez, tomando-me pelo seu antagonista.

A bala atingiu-me em plena face. Senti um baque terrível, como se tivesse recebido no rosto o coice de uma mula, e, por instantes, apenas por segundos, perdi os sentidos. Quando voltei a mim, estava sendo arrastado para dentro do hangar, com o sangue a escorrer abundantemente pela boca, onde a bala penetrara para localizar-se, com meia dúzia de pequenos estilhaços, na segunda vértebra cervical."

Soube-se depois, que Clito Bockel irmão do agressor, era o amante da ex-mulher de Chateaubriand de quem ele pretendia tirar a filha e ainda interferia para que a mesma fosse expulsa do país, por ser argentina e não ter uma ocupação fixa no Brasil.

Apenas mais um dos delírios autoritários do empresário.

Assis, de baixa estatura, percebeu que não daria conta do rapaz, que era bem mais alto, jovem, forte e com um preparo físico invejável,

Na redação dos Diários Associados minutos depois comentava-se que Assis Chateaubriand tinha acabado de matar Olympio Guilherme.

Retirado do local por seguranças Assis lamentava:

-Puta que pariu eu matei meu amigo Olympio Guilherme.

Que cagada! Fui acertar logo na cara do homem mais bonito do Brasil. O homem que

pegou até a Greta, gritava.

E o resto, quantos mais eu matei?

Ao buscarem informação sobre o estado de Olympio souberam que ele escapara por pura sorte. Assis tentara atirar no Bockel, mas Olímpio Guilherme que o segurava já no chão acabou por levar os tiros.

Disparando de curta distancia a bala calibre 38 acerta os dentes e se aloja na garganta a três milímetros da medula cervical. Operado e fora de perigo, se divertia com o acontecido.

No dia seguinte o padre da cerimônia ainda brincou com Olympio no hospital:

-Preciso ser convidado para todos os batismos de aviões. Muito mais emocionante do que eu esperava.

-Desde que na próxima vez você receba as balas, brinca Olympio.

-Foi por pouco meu amigo, uma das balas quase me acerta entre as pernas, escapei por questão de quinze centímetros.

-O que não seria grande tragédia, afinal, qual é a necessidade de um saco para um padre?

Dias depois Olímpio Guilherme estava de volta ao trabalho sem sequelas. Graças à famosa péssima pontaria de Chateaubriand, e a uma grande dose de sorte nada de mais sério aconteceu.

Chateaubriand paga toda a conta do hospital e vai buscá-lo no dia de sua alta.

- Vamos então Olympio, juro que estou desarmado e prometo-lhe não atirar em mais ninguém quando você estiver próximo.

- Com você é necessário uma proteção especial Assis. Você nunca pensou em entrar numa escola de tiros?

-Imagine só, eu sei atirar muito bem e minha pontaria é excelente, acontece que aquela argentina filha da puta me tirou do sério e se aquele oficial não jogasse o champanhe em meus olhos, já estaria morto.

-O melhor seria você deixar dessa briga com Cora. Deixa a mulher seguir sua vida.

-Vai-te a puta que o pariu cacete, mas com todo respeito, meu amigo.

O inquérito termina sem que Chateaubriand fosse incriminado, mas a briga que se iniciou pela posse de sua filha e a traição de sua mulher Cora Acuña, da qual, na verdade já estava separada há tempos, continuaria nas manchetes e nos corredores do Catete...

A pedido de Assis, o governo chega a criar uma

lei para favorecê-lo e exilar Cora de volta a Argentina, sua terra natal, mas com a intervenção de Alzira Vargas, totalmente contraria, a lei 5213 de janeiro de 1943 é abolida. Essa lei ficou conhecida por "Lei Teresoca".

Assim que soube da revogação da lei recém-criada, Chateaubriand declarou que sua botina estava pronta para chutar quem se intrometesse em sua vida e suas relações com a família, incluindo a filha do presidente. Esse episódio seria o início do afastamento das empresas jornalísticas de Chateaubriand de Getúlio Vargas e seu governo.

Assis Chatobriand, sempre polêmico

Assis Chateaubriand

Cásper Líbero

Morte de Cásper Líbero

Jornalista Cásper Libero em seu escritório em São Paulo

Em 27 de agosto de 1943, Cásper viajava no avião "Cidade de São Paulo", da VASP, com destino ao Rio de Janeiro.

Na sala de espera do aeroporto, segundo passageiros que embarcariam em outro voo, entre eles Chopin Tavares de Lima, Cásper ainda brinca com Dom José Gaspar, arcebispo de São Paulo:

-D. José, preparado?
-Para que? Pergunta o religioso.
-Em alguns minutos estaremos indo dire-

to para o céu...

-Com toda certeza estaremos no céu.

Na chegada à capital federal, o avião chocou-se contra a Torre da Escola Naval, próximo à Baía de Guanabara. O acidente foi fatal, matando não só o jornalista, como os outros passageiros incluindo o Arcebispo de São Paulo.

Pouco antes de sua morte, Cásper Líbero escreveu um testamento para assegurar que, com sua morte, seus bens fossem destinados à criação de uma fundação para uma educação de qualificação dos meios de comunicação.

Curiosamente, Cásper, grande amigo de Olympio Guilherme era também um grande adversário de Getúlio, que o exilou por dois anos, devido ao seu apoio à Revolução de 1932.

Morando no Rio, Olympio logo ficou sabendo do falecimento de Cásper. A notícia ainda não estava sendo divulgada pelas rádios quando ele ligou para Bragança Paulista e informou da morte do amigo a Oswaldo Russomano.

-Oswaldo... É o Olympio, a ligação está ruim, mas vou ser rápido:

Acabei de saber sobre um acidente aqui próximo ao Aeroporto Santos Dumont.

- Acidente? Alguém dos nossos no voo?

-Sim, o amigo Cásper, ao lado do bispo de São Paulo.

Avise os amigos e familiares. Não há sobreviventes.

-Assim farei. Grande perda.

-Um bom amigo, tive com ele minha primeira chance profissional, acredito, que se não fosse aquele trabalho na Gazeta, ainda estaria aí, em nossa cidade, ou fotografando casamentos em Atibaia.

Olympio sentiu a morte do amigo e conterrâneo e por dias pensou como teria sido sua vida e tudo o que ele não teria conhecido se não tivesse ido para São Paulo e iniciado sua carreira na Gazeta.

Não se viam já há algum tempo, mas a morte de Cásper Líbero mostrou-lhe a ambiguidade de suas relações, de alguns de seus pensamentos e posições sociais e políticas. A eminência parda do governo Vargas, com um de seus mais ferrenhos opositores.

Fim do Estado Novo

Comemoração pelo fim da segunda guerra em São Paulo

Logo após o fim da Segunda Guerra, a população, principalmente os estudantes e os trabalhadores, começam a se manifestar a favor da redemocratização, principalmente pelo que viam acontecendo na Europa, que não era a realidade na França, Espanha em plena ditadura, e outros países europeus, mas a euforia era o que importava.

O Brasil estava atraído pela propaganda da

democracia como salvação política. Era o reflexo da vitória dos aliados no pós-guerra, embora URSS fosse parte da aliança e fator decisivo na vitória.

Aproveitando-se dos efeitos da propaganda norte americana, a aposição se arma pelo fim do Estado Novo.

Por ocasião da festa da vitória que comemorava a volta dos soldados brasileiros, foram vistas muitas faixas pedindo democracia, constituinte e anistia para os presos políticos.

A anistia era na verdade a única necessidade urgente, mas a imprensa, principalmente de Roberto Marinho e Assis Chateaubriand, se aproveitam do momento para iniciar uma campanha contra Vargas, apoiadas, é claro, pelos congressistas e empresários conservadores.

Diante das pressões, Getúlio Vargas convocou eleições para dezembro de 1945.

Concedeu anistia aos presos políticos e deu liberdade para a organização dos partidos que pretendessem participar das eleições.

Olympio participa das principais decisões, ao mesmo tempo em que segura os ímpetos de agressividade do fascista Filinto. Lembrando que ele, Filinto, não fazia parte do DIP, embora seja o nome mais citado por suas ações desastrosas, acaba por desqualificar o departamento ao ser identificado, erroneamente, como censor do mesmo, pela esperteza da oposição e com a conivência da mídia.

Durante um almoço com Graciliano Ramos,

conversam sobre o momento político:

-Nós, digo o DIP, entramos em ação e organizamos várias manifestações favoráveis ao governo. O povo tem ido às ruas pedindo a permanência de Getúlio. A última manifestação foi algo memorável, nunca visto na história da nossa jovem república e nem imaginável no império.

Não foi difícil, pelo contrário, pois era o que a população realmente queria. Nessas manifestações a palavra de ordem era "Queremos Getúlio". Por isso, os jornais estão chamando esse movimento de Queremismo.

-Mas Lacerda continua metendo querosene no fogo...

-É questão de sobrevivência dele e seu grupo.

-Fala bem o companheiro, esses dias estava tomando um café numa birosca do centro, e o homem falava na caixinha quadrada. Todos ouviam e comentavam com atenção e admiração, embora poucos entendessem o que ele dizia.

-Quem não está satisfeito mesmo é o Eurico, pois sendo um dos candidatos à Presidência ficou preocupado, com o "queremismo",

posto que pretende ser o sucessor apoiado pe-la oposição.

-Não possui apelo popular. Até Carlos Lacerda, um ilustre desconhecido em nível nacional, teria mais votos.

-Na política as coisas são diferentes, aí você se engana, Eurico Dutra tem cacife. É o que importa. Votos são fabricados de acordo com a necessidade de grupos dominantes.

-Getúlio em seus discursos tem deixado claro que a oposição só quer o poder pelo poder e o fim da era getulista, que concede o que eles chamavam de regalias para aos pobres. Isso não é importante?

-Graciliano, a oposição está tão enfraquecida, sem lideranças, que Dutra, um membro de nosso próprio governo, aparece como solução. E esse membro, no caso Dutra, cresce dentro da oposição a partir do momento em que se volta contra os avanços sociais. Talvez nem Maquiavel explique.

- Não sei dele, mas eu optarei pela democracia, mesmo reconhecendo avanços em nossa área. Agora sou membro do partido comunista, você bem sabe, o "queremismo" é forte, sabemos disso. O certo é que o partido ainda não tem uma posição. Getúlio não foi um pai pa-

ra os comunistas. Feridas abertas pela tortura nunca se fecham.

-Temos uma oposição sem ideologia, elitista e guiada por interesses internacionais e de grandes corporações. Sei que não é seu caso e de outros intelectuais, mas podem acabar sendo úteis aos que são contra as mudanças.

-Mas o movimento queremista deu força a vocês.

-Deu-nos força popular, é um movimento do povo, assim por ser popular vai acirrar ainda mais a sanha oposicionista.

A continuidade do Estado Novo destrói pretensões canalhas dos oposicionistas apoiados pela classe, que desejava se livrar de tantos direitos, que não sejam para ela.

- Veremos o que se dará. Espero o PCB forte e constituinte de qualidade. Não desdenho feitos culturais e direitos sociais que floresceram nos últimos anos. O caso é um avanço maior. Essa é a hora.

- Infelizmente é tudo o que os oposicionistas, barões do café, coronéis e colonialistas precisam para o golpe do retorno ao poder. Mas aguardemos...

Dias depois Dutra consegue o tão esperado

apoio de seus colegas militares e de parte da oposição que, em outubro de 1945, forçam Getúlio a deixar a Presidência. O General Dutra já não escondia seus desentendimentos com Getúlio, desde a entrada do Brasil na Segunda Guerra, pois era simpático à causa do III Reich. Assim como o nazista Filinto Müller.

O governo ficou nas mãos do Supremo Tribunal, com José Linhares, que governou até a posse do presidente eleito em dezembro de 1945.

Já fora do governo Olympio Guilherme de volta aos afazeres de jornalista analisa algumas passagens e realizações dentro de sua área faz um resumo:

"A conclusão que tiramos foi que as

instituições culturais existentes eram inadequadas às condições e às necessidades do país, situação que gerava distorções e conflitos, além do vício social, que mantinha a população acomodada com a própria situação, como coisa do destino.

Tratamos da retomada de uma antiga tese de que havia um país real adormecido, que necessitava ser acordado, divulgado e valorizado."

Com a derrocada do Estado Novo, grande parte da intelectualidade migra para política — alguns elitistas vão parar na UDN, mas a maioria ingressa no Partido Socialista Brasileiro, e no Partido Comunista Brasileiro, que finalmente tinha direito à legalidade.

A ligação com amigos da terra natal

Carta de Olympio, para Oswaldo Russomano, onde refere-se a "rataria", políticos corruptos, que se aproveitavam da saída de Getúlio.

Olympio Guilherme sempre manteve contato com os amigos de Bragança Paulista. Quando estava nos Estados Unidos, escrevia-lhes mensalmente perguntando sobre os acontecimentos recentes e passando informações sobre sua rotina.

O amigo mais assíduo em suas correspondências era Oswaldo Russomano, político que contava com o apoio de Getúlio Vargas.

Oswaldo era o responsável por encaminhar reivindicações políticas da região ao presidente da república, por intermédio do DIP, quando o mesmo era funcionário do órgão.

Um desses pedidos foi levado em mãos, pelo amigo, acompanhado por uma comitiva de políticos da localidade. Tratava-se de uma solicitação para a que Getúlio interferisse junto ao goveno do estado, para a liberação de verbas visando a construção do Instituto de Educação Cásper Líbero, pedido antigo, que nunca era atendido.

Meses depois, a escola começava a ser construída na cidade.

Olympio não tinha grande entusiasmo em receber a comitiva política. Ele tinha muita estima por Oswaldo, tinha prazer em recebê-lo, mas reclamava que outros só apareciam por lá, para pedir favores pessoais, e privilégios, coisa que o incomodava bastante.

Oswaldo Russomano era acima de tudo seu

confidente. Nas cartas que trocava com o amigo, falava tanto de assuntos banais, como do passarinho que recebera - um sabiá que o fazia lembrar da infância em Bragança e que batizara de "Zezico"-, como de problemas pessoais, como a saúde de sua esposa. Mas, principalmente, falava de política: das eleições que se aproximavam, da corrupção que atingia a máquina governamental e que era impossível estancar. Numa dessas cartas, trata os corruptos como a "rataria".

Escola Cásper Libero, na cidade de Bragança Paulista

Apenas dois anos mais velho, Oswaldo era amigo de infância, irmão por afinidade.

Eventualmente comunicavam-se também por telefone, quase sempre para discutir a vida política da capital da república.

Numa dessas ligações Olympio faz um desabafo sobre o Rio de Janeiro, logo após a morte de Getúlio Vargas.

Rio, 30. Março. 45

Oswaldo:

Finalmente, chegou o "Lexico". Uma beleza! Nunca jamais se viu passaro' aquelle porte. Si o "Lexico" cantar, realmente, elle será sem duvida o unico' mais perfeito que já se viu. porque o seu "físico" é admiravel. Comprei-lhe a melhor gaiola que encontrei e agora observando de perto os seus habitos, que já terminada a sua "muda", elle entrou em forma.

O Helio mostrou-se um menino cuidadoso e intelligente. Mostrei-lhe dois sabiás que na viagem em lenço recebido de Belo-Horizonte, mais mortos do que vivos, depennados e feridos, para que elle entivesse tambem orgulho de haver transportado os bichos com tanto cuidado.

Não sei como lhe ha de aparecer tanto trabalho. Mas posso garantir que o "Lexico" não cantará nunca sem que eu me lembre que é a você que eu devo tão belo presente.

Sua "carta de sabiá" foi muito interessante. Mas agora escreva-me outra, sem passarinhos...

Receba o melhor abraço do

Olympio

Carta pessoal, citando um passarinho que recebeu, assuntos familiares e saudades.

-As coisas da política vão mal. Lacerda está pondo fogo por aqui, pois tem pretenções ao governo, o povo anda iludido com a falsa democracia apresentada por ele.

-Bom orador, - responde Oswaldo -, e manipulador das massas.

-O pior é que em todas as repartições encontramos um funcionalismo desacreditado e muitas vezes desonesto. Não sei como será o futuro, o Marechal não sabe governar e a população está sendo levada a apoiar os populistas da elite. Temo pelo nosso futuro...

A cada dia, mostrava-se mais preocupado com a ignorância coletiva, que tornava o povo uma presa fácil.

Lamentava por não ter conseguido realizar mais projetos culturais e pelo fim de um governo que estava realmente mudando o cenário social do país.

Era visível a sua preocupação com a Televisão. Acreditava que ela, em breve estaria em todos os lares dos brasileiro e a via como uma ferramenta de formação cultural, assim como era o cinema, mas ela poderia ser usada tanto para o desenvolvimento intelectual e formação, quanto para a manipulação nociva.

Atuando como colabrador de jornais e revistas, Olympio escreve sobre a crise econômica nos Estados Unidos, que acaba influenciando o Brasil e explica seu pensamento ao amigo Oswaldo:

"A crise econômica que hoje empolga os Estados Unidos tem sido analisada, a mais das vezes, de maneira inadequada, quer pelos que lhe procuram investigar as causas, pesquisando a marcha oscilante do consumo interno, quer pelos que lhe receitam soluções superficiais, mais para efeito político do que prático.

A verdade é que a economia norte-americana não experimenta um período simples e inocente de «recessão», mas inaugura agora uma fase de crise grave, que nenhum eufemismo tem o poder de encobrir, e, muito menos, atenuar. Ela nada tem em comum com as crises do passado, sobretudo, com a de 1929, para a qual concorreram fatores e circunstâncias hoje inexistentes.

A presente crise, na depressão de iniciada em 1951, já havia sido prevista com propriedade técnica pelos maiores especialistas de Washington, tem outras origens, e, por isso mesmo, traz em seu bojo outras conseqüências.

Nosso problema economico é estarmos atrelados a eles. Quando a economia norte-americana tem problemas, nos sentimos aqui no dia seguinte. É preciso diminuir essa dependência."

Olympio firma-se como consultor econômico e de política internacional requisitado pelas principais publicações da capital federal e capital paulista. Analisa as mudanças de mercados e elabora projetos financeiros de grandes empresas.

Repórter Esso anuncia o fim da guerra

Volta de Getúlio

Ao fim do Estado Novo, Getúlio deixa a presidência, mas não sai da mídia. Eleito senador, passa os últimos quatro anos dedicando-se a causas populares.

O péssimo governo Dutra torna-se o principal motivo de uma campanha pela volta de Getúlio. Cientes disso, aliados getulistas iniciam conversações de norte a sul do país.

A coligação do Partido Trabalhista Brasileiro (PTB) e o Partido Social Progressista (PSP), lançam o ex-presidente Getúlio Vargas como candidato a Presidente da República.

Getúlio Vargas havia utilizado a propaganda a seu favor para promoção pessoal na vida política e consagração de seu nome como um mito, "o pai dos pobres", e assim foi lembrado e enaltecido junto ao povo.

Vargas é realmente o presidente que mais fez pelo povo. Lembrado desta forma não teria dificuldades para se reeleger.

O seu nacionalismo na campanha "o petróleo é nosso" favoreceu as empresas brasileiras nas disputas internacionais e as leis trabalhistas garantiram direitos aos operários.

O ano de 1950 começa com uma surpresa no carnaval. A marchinha intitulada "Retrato do Velho" batia recordes em todo o país.

"Bota o retrato do velho outra vez

Bota no mesmo lugar

Bota o retrato do velho outra vez

Bota no mesmo lugar

O sorriso do velhinho faz a gente trabalhar

O sorriso do velhinho faz a gente trabalhar

Eu já botei o meu

E tu não vais botar

Eu já enfeitei o meu

E tu não vais enfeitar

O retrato do velhinho faz a gente trabalhar."

Getúlio Vargas disputa a presidência com quatro candidatos e é eleito com 48,73% dos votos.

Ao assumir, Getúlio chama Olympio Guilherme para assumir o DNI (Departamento Nacional de Informações), que substituiria o DIP em seu novo governo.

Em sua sala, Getúlio Vargas conversa com Olympio. Quer saber sua opinião sobre o substituto do DIP:

- O DIP é vítima de um desserviço, da polícia de Filinto Müller, pois ele usou nosso trabalho de aperfeiçoamento cultural para se impor em seu governo e com métodos suspeitos.

- Mas, neste caso, qual é a solução? Pergunta-lhe o presidente.

- Que se extinga a censura policial, mas exija-se a "responsabilidade editorial".

Para que isso ocorresse seria necessário que Getúlio Vargas criasse uma lei de Imprensa sem censura prévia.

- Mas, Olympio, você não acha que livre de qualquer censura prévia, a imprensa que hoje ataca moderadamente meu governo, investirá contra mim e meus companheiros de maneira a tornar impraticável qualquer tentativa de defesa?

- Em minha opinião Presidente (e comigo estão grandes nomes do jornalismo brasileiro) são infundados os temores de uma investida fulminante da oposição, nos moldes que o Senhor preconiza. Sem duvidar, o governo se-

ria criticado severamente, mas esses ataques e essas críticas se comportariam dentro dos estritos limites impostos pela responsabilidade editorial, o que lhes conteria o ímpeto porque, uma vez, decretada a nova lei, o governo contaria, sem precisar apelar para corretivos policialescos, com o apoio de um órgão oficial capaz de defendê-lo em todas as instâncias em que essa defesa se tornasse possível e justa.

- Está claro, amanhã esse decreto será assinado - responde Getúlio *- mas para isso existe uma condição: o senhor assumirá a direção do setor jornalístico e do novo Departamento de Imprensa e Propaganda, que terá outro nome. O senhor é o pai da criança. Vá para a casa e traga-me a lei.*

Ao chegar em casa, Olympio vai direto para seu escritório, onde debruça-se sobre um monte de livros de direito e legislações de outros países.

Faz ligações, consulta advogados amigos, liga para "O Cruzeiro" e pede para que alguns jornalistas amigos venham a sua casa.

"Foi em meio a esse ambiente dramático, que acabei aceitando essa tarefa hercúlea, estamos em outubro de 1950, e amanhã devemos ter uma lei de imprensa, que dê li-

berdade, mas tenha salvaguardas. Logo estamos participando de uma parte de nossa própria história.

Recebi do presidente Getúlio um convite para visitá-lo com máxima urgência, um convite que deveria se resumir a um café, era o que pensei quando o atendi.

Ao sair do Palácio, meus amigos, tinha sobre meus ombros essa grande tarefa de pensar nesse texto, por isso preciso de suas opiniões e ajuda, pois amanhã se transformará em decreto."

Foto Oficial, com Getúlio ao centro e Olympio Guilherme a direita.

No dia seguinte, o Brasil tinha uma lei de imprensa. O segundo governo Getúlio começa com certa tranquilidade, mas as mesmas forças que criaram a República, que o tiraram do poder e que impediam o crescimento e soberania do Brasil começavam a agir. Lacerda era um de seus porta-vozes.

Olympio previa dias ruins. A propaganda governista já não tinha tanta força, principalmente diante de uma democracia artificial, ilusória, cuja classe dominante fabricava leis que amordaçavam o governo e atiravam a uma hipócrita oposição.

O governo parecia cansado, lento, enquanto a oposição, inclusive dentro do próprio governo, preparava um golpe financiado por interesses externos.

Morte de Getúlio

Os erros do primeiro governo, causados em grande parte pela confiança depositada por Getúlio em Filinto Müller, eram constantemente comentados e cobrados. Erros gravíssimos, que vão de tortura a assassinatos e manipulação da justiça. Não que a oposição se importasse, pelo contrário, era hipócrita, mas sabia como comover a população.

As mudanças sociais promovidas por Getúlio Vargas também não passariam impunes à elite brasileira, que receando perder seus privilégios, via as conquistas das classes menos favorecidas como uma ameaça ao seu status quo.

Internacionalmente, o Brasil caminhava para atingir uma soberania igualmente indesejada pelas grandes potências e algumas empresas locais, beneficiárias de um atraso centenário.

A defesa do petróleo, a criação e o fortalecimento da Petrobras, Companhia Siderúrgica Nacional, a industrialização de centros como São Paulo e a autodeterminação nas relações comerciais e políticas não eram bem vistas pelo Primeiro Mundo.

Restava a Getúlio cessar essas conquistas, ou entregar o governo para que outro o fizesse. E Getúlio definitivamente não se entregaria.

O povo ainda vivia numa situação econômica, social e cultural deplorável.

O tempo para as mudanças culturais tinha sido

diminuto e só daria resultado em alguns setores, ainda assim dentro de vinte ou trinta anos.

Olympio, Getúlio no "Catete".

Olympio estava convencido que o Estado Novo tinha sido bom, que havia tirado o Brasil da política colonialista "café com leite" feita pelos coronéis da terra e mantida graças às necessidades, à fome e à ignorância.

No "Observado", Olympio Guilherme comenta os dias agitados com um dos redatores:

"Estive ontem com Getúlio, logo após uma reunião dele com ministros, falamos particularmente a respeito das acusações da oposição. Ele pouco se importa, tem para si que fez tudo pela soberania nacional e sempre trabalhou com total honestidade.

Eu concordei, ainda trabalhamos por uma cultura uniforme para que o povo possa lu-

tar sempre pelo melhor. Lembrei-lhe que isso é importante para a soberania de uma nação.

Depois de meia hora de conversa o senti muito introspectivo, monossilábico, muitas vezes respondia-me apenas com movimentos da cabeça e estava evasivo em suas respostas.

Seu olhar era vago e disse-me, quando eu me retirava, que vivo não sairia do Catete."

Olympio apesar de tudo acreditava que Getúlio resistiria, que a partir dali, nos próximos governos, outros continuariam o trabalho social executado por eles e em três, ou quatro décadas o Brasil deixaria de ser apenas um desenho no mapa mundial e mostraria sua verdadeira importância.

No fundo ele sabia que Getúlio Vargas cumpriria sua promessa e só deixaria o Catete num caixão, mas jamais imaginou um suicídio, pensou até em golpe de estado, tentativa de assassinato, ou coisa parecida.

Em seu novo mandato, Vargas não conseguiu com a comunicação o mesmo resultado obtido no primeiro governo. As emissoras de Assis Chateaubriand e da família Marinho passaram a fazer forte oposição a ele, o que piora com o atentado a Carlos Lacerda, no "crime da Rua Toneleiros". Como resultado da crise, Vargas comete suicídio em agosto de 1954.

Assim como Roosevelt nos Estados Unidos, Getúlio Vargas pode ser considerado o presidente do rádio no Brasil. Com toda a certeza foi o que melhor soube usar o meio como ferramenta política, através dos artistas contratados, tais como Carmem Miranda e Ary Barroso e com ele próprio, um mestre no microfone.

Mais uma vez, as forças que os interesses contra o povo coordenaram novamente, se desencadeam sôbre mim.

Não me acusam, me insultam; não me combatem, caluniam e não me dão o direito de defesa. Precisam sufocar a minha voz e empedir a minha ação, para que eu não continue a defender, como sempre defendi, o povo e principalmente os humildes. Sigo o destino que me é imposto. Depois de decenios de dominio e espoliação dos grupos economicos e finaceiros internacionais, fiz me chefe de uma revolução e venci. Iniciei o trabalho de libertação e instaurei um regime de liberdade social. Tive que renunciar. Voltei ao govêrno nos braços do povo. A campanha

Trecho da carta testamento de Getúlio

Olympio abateu-se com a notícia. Não apenas pela morte de um presidente, mas pela perda de um amigo.

A primeira pessoa para quem Olympio telefonou para dar a notícia foi Virginia Lane. Pela proximidade com o presidente e por ter conhecido sua intimidade, só ele poderia fazê-lo. Em seguida uma nova ligação, agora para Nona Iorque, nos Estados Unidos da América, para Aimée Sotto Mayor Sá, eleita pela revista "Time", em 1941, como uma das três mulheres mais elegantes do mundo. Ela era tratada por Getúlio como "a bem amada". Esses eram alguns segredos de alcova do amigo.

Aimée Sotto Mayor Sá, com Vargas.

"Quando liguei para a casa de Virginia, ela mesma atendeu o aparelho, me identifiquei, falei que era Olympio, logo ela me perguntou se tinha acontecido alguma coisa, novo golpe? Interrogou. Afinal fazia mais de um ano que não conversávamos e não me lembro de ter ligado em sua casa anteriormente.

Disse-lhe que dessa vez não era golpe, que era pior. Ela apenas me perguntou como foi. Senti sua voz embargada, quando nos despedimos ela não disfarçava seu choro.

Posteriormente tratei de procurar o telefone de Aimée, só Vargas o tinha e sob sete chaves. De posse, liguei para sua casa em Nova Iorque, demorei a conseguir linha, quando consegui fui atendido pelo mordomo da residência, que me pediu para deixar o recado, assim o fiz".

Com a morte de Getúlio, seria enterrado o sonho de um país independente e soberano.

Cético e muito emocionado, Olympio olhava atônito para um jornal que trazia as últimas palavras do Presidente em sua capa:

"Mais uma vez, as forças e os interesses contra o povo coordenaram-se e novamente se desencadeiam sobre mim (...)

Lutei contra a espoliação do Brasil. Lutei contra a espoliação do povo. Tenho lutado de peito aberto. O ódio, as infâmias, a calúnia não abateram meu ânimo. Eu vos dei a minha vida. Agora vos ofereço a minha morte. Nada receio.

Serenamente dou o primeiro passo no caminho da eternidade e saio da vida para entrar na história."

162

Vargas acreditava que sua morte desse força a João Goulart, seu sucessor direto, que apoiado pelo povo daria continuidade às reformas trabalhistas e sociais, mesmo contra a vontade da oposição.

Para a direita, a comemoração, o caminho livre para a retomada do poder, a volta aos privilégios e a limitação dos direitos da classe trabalhadora. Ela, a direita, não acreditava em sucessão getulista. Nomes como o de Juscelino Kubistchek surgiam com força na imprensa nacional.

Propaganda oficial que indicava Goulart como o sucessor de Vargas

Para a esquerda, o alívio temeroso, o amargo sabor da vingança pelas prisões arbitrárias, perseguições e a simbólica e dolorida morte de Olga. Mas também o temor pelo fim das conquistas sociais, do retrocesso com a possibilidade da volta da centenária aristocracia política as rédeas do poder.

Para o povo dor e desespero nunca vistos na política nacional.

Para Olympio Guilherme, não só a perda de um

amigo, mas o fim de uma era. Ele via o suicídio de Getúlio como o prenúncio de dias difíceis, tinha dúvidas sobre o futuro e também temia o retrocesso que poderia ocorrer.

O povo se revolta com a morte de Getúlio e elege os culpados

O último ato do presidente não havia sido planejado pelo DIP, nem por seus assessores mais próximos. Era um ato solitário, escrito, dirigido e representado pelo próprio ator no cenário de seu próprio quarto, sem efeitos especiais e sem plateia.

A morte de Getúlio Vargas

O economista:

Olympio firma-se como economista. Desenvolvendo atividade de consultor econômico e financeiro, ocupa-se principalmente da recuperação de empresas em estado falimentar. Com relação à economia mundial, seu principal alvo continua sendo as políticas norte-americanas.

Explica as situações de crise na América Latina e principalmente no Brasil usando acontecimentos dos Estados Unidos da América.

"Prosperidade artificial... Antes de mais nada é preciso considerar que a teoria da prosperidade ininterrupta, ou a teoria do «eternal boom» acaba de ser contradita de maneira irrespondível.

Ela conseguiu, enquanto perdurou, a crença de que o governo americano poderia amparar indefinidamente a economia do país através de orçamentos astronômicos, 60% dos quais destinados às despesas militares. Hoje o americano está convencido de que os déficits crônicos provocados por essa política autofágica o arrastaria inevitavelmente para o socialismo e para a bancarrota inflacionária.

O pior é que o artificialismo das finanças federais acabou por contaminar as finanças particulares, sob o impacto de uma propaganda psicológica admiravelmente bem conduzida, para a manutenção de um mercado consumidor em permanente ascensão.

Crise norte americana de 1950

O resultado é o que hoje as estatísticas americanas acusam: a prosperidade dos últimos anos foi artificial, porque feita a crédito, à custa de saques contra o futuro; as dívidas públicas e particulares saltaram da soma de US$ 300 bilhões, em 1952, para US$ 800 bilhões hoje. O consumidor tinha comprado tudo quanto desejava, tal como o governo federal tinha gasto muito mais do que arrecadara.

Passados anos, as necessidades e o crédito de ambos atingiram um ponto de saturação.

Por outro lado, desfrutam de ampla liberdade sindical, as uniões trabalhistas forçaram a mão ao exigirem aumentos salariais muito superiores a qualquer elevação paralela de sua produtividade, do que resultou a alta substancial de custos gerais, atualmente considerados uma das molas mais fortes da espiral dos preços. Em fevereiro último o índice do custo da vida nos Estados Unidos alcançou o nível recorde de 122,5%, em relação a média 1947-49.

Não é exato, portanto, o conceito de que pela primeira vez na história americana, a nação conhece uma crise.

As análises relacionadas à economia norte-americana são fundamentais para o entendimento de seus efeitos maléficos no Terceiro Mundo, onde governos subservientes sempre entregam os destinos da população às necessidades do império.

Livros

Ainda no Estado Novo e dirigindo a revista Observador Econômico e Financeiro, Olympio Guilherme já se dedicava a escrever livros sobre economia e política internacional. Ele se debruça agora nos estudos sobre o desenvolvimento do Brasil e América Latina e sobre as questões sócio econômicas da África.

A sua produção é vasta e variada: sobre a América Latina, o Petróleo, a África, os EUA, o Brasil e a URSS. Trata, principalmente, de economia, da dependência internacional, das relações exteriores e da miséria mundial.

Critica ainda o jornalismo atual, como ignorante e colonizador:

"Estamos transformando nosso jornalismo opinativo e deixando-o igual ao America-

no. *O jornalismo sem opinião é preguiçoso e sem cultura.*"

Em seu livro "URSS & USA" Olympio faz um relato do esforço americano e russo na dominação mundial através do medo e da propaganda.

"Nos Estados Unidos tive a impressão de que o medo domina quase todos os espíritos. Paira no ar uma nuvem negra de temores e apreensões.

O americano de hoje vê fantasmas em toda a parte, pressente a aproximação de um desastre que pode estourar amanhã, hoje mesmo, talvez daqui a instantes. É o complexo de Pearl-Harbour. Ninguém confia em ninguém. Quando se fala sobre a Rússia, no meio de uma palestra em que a referência surge naturalmente, como uma consequência lógica do raciocínio, todo o mundo baixa a voz ou se cala, entreolhando-se com suspeita mal disfarçada. Há delatores em cada canto. A Rússia passou a ser um tabu, sobre o qual não se discute a não ser para repetir, com ênfase mecânica, os chavões cediços da propaganda estereotipada, que acabou por envenenar todo um povo sensível à sua influência e sem a necessária cultura para pos-

suir qualquer dose de discernimento sobre assuntos de política internacional, muito acima da sua compreensão (...). Essa campanha conseguiu infiltrar-se, até, entre os espíritos mais esclarecidos, e, com raras exceções, entre a sua "elite" mais culta, onde estabeleceu confusões sumamente desastrosas para o equilíbrio da orientação que essas mesmas "elites" são chamadas a imprimir na opinião pública".

O livro foi pesquisado entre os anos de 1953 e 54, quando Olympio visitou o Senegal, o Egito, o Sudão, a África do Sul, as colônias africanas, a Tchecoslováquia, a União Soviética, parte da Ásia até o Uzbequistão, a Inglaterra, a França e os Estados Unidos de ponta-a-ponta.

Olympio empolga-se com suas conclusões, principalmente relacionadas ao Brasil.

Em uma das costumeiras reuniões com amigos jornalistas em um café do Rio de Janeiro, na Rua Marques de Abrantes, comenta algumas dessas conclusões:

"Poucos serão os países, como o Brasil, onde a propaganda anticomunista, orientada por Washington, tenha penetrado mais fundo e tenha conseguido hipnotizar completamente a massa e grande parte das elites.

O resultado desse fenômeno de sugestão é que no Brasil, como, aliás, quase toda a América Latina, são poucos os que possuem visão acertada da política internacional e dos acontecimentos econômicos que lhes são consequentes e complementares."

Após alguns comentários, conclui sua observação dizendo que existem raras exceções nesse sentido e que mesmo nossos homens de pensamentos, responsabilidade e domínio da política estão dominados pela ignorância da História e são incapazes de enxergar devido à influência insidiosa da propaganda, com relação à divisão do mundo.

Esse livro foi precedido por outros títulos, desde que lançou o romance Hollywood no início dos anos 30.

"À Margem da História e da Política Norte-Americana", seu primeiro livro sobre economia e costumes e levou dois anos para ser concluído e foi publicado em 1931. Depois, debruçou-se sobre "A revolução Capitalista Norte-Americana" e "A Realidade Americana", onde faz uma série de críticas ao modo de vida e a competição imposta pelo "sonho americano".

Sua produção literária se avoluma após a saída do DIP. Nesse período lança "A Luta pela Liberdade nas Américas" e "Uma Lança em África" e um estudo sobre as questões energéticas e o petróleo no Brasil.

Seus debates e palestras foram publicados em três volumes de "Panorama do Mundo" aproveitando do sucesso do programa, de mesmo nome, criado por ele na Rádio Globo, onde era também o comentarista.

Escreve "Nacionalismo e a Política Internacional do Brasil" ainda no governo Juscelino e, em 1960, uma proposta para o Congresso se transforma em livro: "A verdade sobre Roboré". É a resposta ao parecer apresentado à Comissão de Relações Exteriores da Câmara dos Deputados pelo Sr. Gabriel Passos, para a anulação das notas reversais sobre o aproveitamento do petróleo Boliviano.

Bragança, Fevereiro 1958

Em fevereiro de 1958, Olympio Guilherme vai a São Paulo para uma série de palestras e encontros com empresários e políticos, ocasião que aproveita para matar a saudade da noite paulistana, e ainda reserva dois dias para visitar a cidade de Bragança Paulista, a pouco mais de 70 km da capital.

Olympio em jantar em sua homenagem na cidade de Bragança Paulista, interior de São Paulo.

Ali é homenageado e revê, além de amigos e parentes, os locais onde passou sua infância e juventude.

Com o amigo de infância, Oswaldo Russomano, comenta as mudanças da cidade e os tempos em que eram apenas crianças felizes sem saber o que viria no futuro.

Olympio passa pela praça central, toma um café no balcão de um bar que frequentara ainda jovem e saindo dali vai tirar medidas na alfaiataria do Sr. Antônio, um excelente alfaiate e colega de grupo escolar, que depois lhe enviaria o terno de linho, feito sob medida, e por um preço bem mais em conta que no Rio de Janeiro.

Também visita o Clube Literário e Recreativo e é recebido para um jantar no Clube 13 de Maio. Na terra natal, diante de tantas lembranças da juventude, Olympio volta, por algumas horas, a sentir e enxergar tudo com a simplicidade do menino do interior.

"O cheiro de nossa terra natal sempre nos acompanha, somos como um pombo correio, prontos para voar de volta."

Irene

Irene era filha de uma família humilde, nasceu em 1939 em Itapetininga, Vale do Ribeira, uma das regiões mais pobres do interior do Estado de São Paulo.

A menina cheia de vida estudava na escola estadual e junto com as amigas sonhava com uma vida melhor, com família grande, filhos correndo pela casa. Tudo igual a um filme mudo que aos sete anos assistira com a mãe num circo em passagem pela cidade.

A magia do cinema estava viva nos olhos da menina criada com dificuldades pela mãe. A realidade, no entanto, estava longe de se tornar uma fita de Hollywood. Irene perderia sua mãe aos nove anos de idade.

Muito jovem e sem poder decidir sobre seu futuro foi criada por seus tios.

Aos dezesseis anos, a convite de um amigo da família, Irene vai para Rio de Janeiro tentar mudar seu destino numa cidade grande. Na capital do Brasil.

Era a retomada dos sonhos, um trabalho, talvez a continuidade dos estudos e uma vida nova na cidade maravilhosa.

Esse era o novo sonho da jovem, agora uma moça que iria ganhar o mundo.

"Lá o mundo é mais moderno, onde as mulheres trabalham e estudam, onde existem

oportunidades e todos são felizes"

No Rio de Janeiro, ela não conhecia ninguém e acabou ficando um tempo, talvez um mês, na casa do amigo que lhe incentivou na mudança, até que a mãe dele passou a se incomodar com sua presença. Irene era um fardo extra na residência. Trataram de encontrar-lhe um trabalho.

Foi assim que Irene acabou indo trabalhar na casa de Natalina e Olympio Guilherme, no bairro da Glória.

Aos dezoito anos, Irene era uma linda mulher. No bairro, era admirada por onde passava. Parecia-se muito com Marta Rocha, a miss Brasil de 1954, três anos atrás.

Era impossível não admirar a beleza e o porte daquela moça. A humilde menina que viera do interior paulista era agora a "linda mulher da casa dos Guilhermes", como diziam os vizinhos, incluindo Seu Joaquim, da padaria da esquina, onde ia todos os dias comprar o pão e o leite da família, deixando o velho português encantado.

"Ora, pois, dizia ele, meu dia sempre começa nessa hora...
Assim que a madame chega"

Irene já era conhecida por Marta, diziam que era a miss da Glória, mas chamava a atenção mesmo era por sua simpatia e simplicidade. Irene sempre guardava um olhar de ternura e uma palavra amiga a todos que necessitassem.

Por muitas vezes Olympio e Irene trocaram olhares rápidos, que eram logo disfarçados com comentários frugais, o tempo, a chuva, ou um *"está muito bom esse café"*...

E foi num desses "que bom esse café", que tudo começou.

Olympio dirige-se à cozinha e serve-se de um café recém-coado, vai ao armário, pega o açúcar e uma colher. Por momentos imagina aquela moça como se fosse a própria miss. Está perdido em seus devaneios, quando Irene o interrompe:

- Porque o senhor não me pediu, eu lhe serviria na sala?

- Não é necessário - diz o patrão - *tive vontade de tomar aqui mesmo.*

- Está bom?

- Muito bom...

- Ainda bem.

- Está bom seu café...

- E o senhor já disse, obrigada.

- Não... Eu quero dizer, está diferente, muito bom mesmo...

- Agradeço...

- Você é realmente muito bonita.

- Como?

- Linda...

Marta Rocha, miss Brasil.

Irene ficou tensa, com a pele do rosto avermelhada, suas pernas tremeram. Ela pensava o mesmo sobre o patrão, mas sabia que não era certo. A situação, a casa, a esposa. O que estaria acontecendo com ela?

Nada daquilo era certo, mas nada mais poderia ser controlado. Irene ainda se vira tentando sair, se livrar da situação e de seus próprios pensamentos, mas Olympio a puxa pelo braço e sem nenhuma cerimônia, preconceito ou qualquer outro obstáculo social, aproxima-se de seu rosto e a beija.

Era um beijo de carinho, de ternura, de desejo, de paixão, de admiração por tanta beleza, de gratidão nem sabia de que. Mas acima de tudo, de felicidade. De volúpia, de renascimento de sentimentos escondidos pelo tempo e pela rotina.

Ele sabia que não era socialmente certo, mas não era certo para quem? Quem poderia definir o certo e o errado diante da ternura, do desejo e da paixão, que mais uma vez o envolvia, como há 30 anos, quando conhecera Patrícia.

A energia que irradiava de um simples ato era maior que tudo naquele momento. Quais eram a regras a serem seguidas ou quebradas?

Por algum tempo, seguiram entre a vergonha, o complexo de culpa e o desejo.

Durante o dia, no trabalho, Olympio pensava apenas em não repetir aquela cena da cozinha, mas à noite era impossível controlar seus pensamentos.

Dona Natalina, que há muito se encontrava do-ente, passou a desconfiar das atitudes do marido, que começara a levar mais e mais trabalho para fazer em casa.

Inexplicavelmente, Olympio mantinha com a esposa uma relação de aparências desde o dia em que se casaram.

Agora, tomado pela paixão e pelo desejo, chega o dia em que nada mais pode segurar seu ímpeto. Não era difícil imaginar o que aconteceria e que a bela Irene acabaria tendo que buscar outro emprego.

Trabalho na indústria e jornalismo

Desde o início dos anos cinquenta, Olympio Guilherme vivia principalmente das palestras em universidades e entidades empresariais, mas continua sua carreira como jornalista, agora contratado por umas das revistas mais importantes do Brasil, O Cruzeiro, onde assina colunas e exercita-se no jornalismo internacional.

Como economista, tem uma grande agenda de consultorias e participa da diretoria do Sindicato dos Economistas do Rio de Janeiro. Devido à sua notável capacidade em recuperação de empresas é convidado para trabalhar na área financeira da indústria de tintas Goyana.

Ocupando-se de política internacional, viaja constantemente, principalmente para a África e pela América Latina. Também retorna aos Estados Unidos e visita países da "cortina de ferro". Olympio Guilherme convive com a pobreza, a doença e as revoluções. Angústias pessoais e sociais. Corrupção e muita revolta popular.

"É difícil imaginar o que ocorre no outro lado do mundo, percorrendo regiões da África fui obrigado a conviver com uma fome, de um jeito nunca imaginável.

A situação é dramática e muito diferente de nossa pobreza, onde existe certa solidariedade, água em abundância e facilidade para construir ao menos uma choupana, sem falar da assistência médica, ainda que precária. Na África, as populações de diversos países são assoladas pela seca, fome e guerras e pela própria ignorância, uma epidemia causada pelos colonizadores.

São grandes os movimentos migratórios das vítimas da seca e da fome e em enormes processos de devastação ambiental vistos em toda África, principalmente entre as regiões semiáridas, em direção ao sul do Saara.

Mesmo tendo convivido com a fome nos Estados Unidos da América, na América Latina e na própria Capital Federal, nada se compara ao que vi na África e sinceramente é difícil apenas anotar e entrevistar, sem se comover.

Especificamente o caso do Quênia é fruto da colonização europeia, que privou seus habitantes da terra e seus alimentos e ainda se constituiu em uma nova escravidão, dentro de seu próprio território."

Olympio Guilherme mostra-se um economista altamente qualificado, muito competente analisando a política econômica do norte da África, ou a situação atual do Brasil, mas é visível o seu desânimo com a situação política e econômica do país.

Sua fama como salvador de empresas em condições pré-falimentares, o colocam em destaque na atividade gerencial em diversas áreas empresariais, seu trabalho é reconhecido também no gerenciamento e organização do Hotel Quitandinha, construído em 1941 em Petrópolis.

Hotel Quitandinha

Uma filha

Irene, ainda sem saber qual seria o seu destino, deixa a casa da família Guilherme. A questão não era apenas Dona Natalina, mas ela própria não sabia o que fazer, como agir e o que esperar.

Apaixonara-se pelo patrão que jamais abandonaria a mulher, sabia-se que sua saúde era debilitada e Olympio jamais a deixaria por sua única vontade.

Irene vai para a casa de uma amiga, que se oferece a ampará-la. Era a italiana Pierina Lucci, viúva de outro grande amigo, Dino Lucci, que já conhecia da Quitandinha, hotel em que fazia uns extras em dias de folga na época em que Olympio ocupava-se de recuperá-lo de uma grande crise econômica.

Pierina morava sozinha na Praia do Flamengo, não muito longe da Glória, onde moravam os Guilhermes.

Depois de poucos dias ali, Irene começou a passar mal até que chegaram à conclusão que ela estava grávida. Grávida de Olympio Guilherme.

Olympio era louco por crianças, perdeu a oportunidade de ser pai quando por uma enfermidade sua mulher tornou-se estéril. Só descobriu que Pagu havia abortado um filho seu muito tempo depois.

Quando ia para Bragança, ou quando era visitado por seu amigo Oswaldo Russomano, passava os dias brincando e passeando com os meninos Oswaldinho e Carlinhos. O sonho da paternidade era o único não realizado e, ao saber da gravidez de Irene, foi solidário e ofereceu toda a assistência possível, como era esperado.

Em outubro de 1958, nasce finalmente sua filha.

Natalina acaba sabendo dos fatos por uma vizinha e passa a pressionar Irene, ameaçando-a de tomar a guarda da criança e mandá-la para um colégio na Europa. Uma maneira de livrar-se do fantasma da filha de seu marido.

Olympio, pela primeira vez, entrou em pânico. Não queria ficar longe da filha e tratou de encontrar um bom local na zona norte, longe da Glória, onde mãe e filha não fossem mais importunadas.

Em Vicente de Carvalho, zona norte do Rio, as duas vão morar na casa de outra amiga, indicada por Pierina.

"Esta senhora muito boa, tem duas filhas um pouco mais jovens que Irene. Seu marido também é italiano, músico e artista e assim a minha filha crescerá num ambiente de arte, e natural. Isso será muito bom, útil para o desenvolvimento da menina" – comentou Olympio com amigos.

A menina recebe o nome de Bonina. Ainda novinha aprende a tocar piano com uma das filhas do casal e a admirar a música através do violino tocado pelo avô postiço, o nonno Pascoal.

Olympio estava radiante, sempre dava um jeito de sair para ver a filha, mantendo uma relação amigável com a mãe e apaixonado pela criança, a sua filha. A filha que sempre desejou.

Olympio e Bonina no Hotel Quitandinha em Petrópolis, RJ, onde trabalhou como administrador financeiro.

Naturalmente, além do carinho, também ajudava financeiramente.

"Eu tenho especial apreço por essa menina, como qualquer pai adora sua filha, mas na minha idade, e ainda tendo desejado ser pai, por toda minha vida eu a amo ainda mais, infelizmen-

*te não posso ter um contato diário como eu gosta-
ria, como eu sempre sonhei, faz parte da vida,
não foi um roteiro escolhido, mas é o meu roteiro
e farei o possível para ser um grande protagonista."*

A cada dia que passava, Olympio encarava com mais naturalidade e prazer a paternidade.

Bonina sabia que ele era seu pai porque estava sempre presente. Mas era diferente, ele era diferente de outros pais, só aparecia de dia e muitas vezes estava ausente por longos períodos por conta de suas viagens.

Em algumas ocasiões, quando o pai se via impedido de visitá-la, sua mãe a levava para encontrá-lo no Parque Santana ou no Jardim Botânico.

Com os familiares e amigos, Bonina sempre se referia a esses encontros, como sendo "encontros de ouro" e momentos inesquecíveis em que a presença do pai a fazia sentir-se especial. O amor era visível em seus olhares.

Ainda assim ela continuava sem entender porque ele não era como os outros pais.

*"Mas minha mãe e Pierina que eu consi-
derava como avó, sempre me diziam que ele
era uma pessoa muito importante, que viajava
muito e nunca parava em casa."*

Quando ela cresceu um pouco, começou a se questionar sobre qual seria a verdade, ela sabia que havia uma onda de mentiras à sua volta, mas por mais que pensasse não conseguia encontrar a explicação. Jamais passou por sua mente de criança que ele tivesse outra família.

Irene, Bonina e Olympio

Olympio influenciava a filha com relação aos seus estudos, à música, ao aprendizado de diversas línguas, dando grande ênfase ao seu desenvolvimento cultural. Contava-lhe sempre histórias cuja moral enaltecia o desenvolvimento do ser humano. "*Tudo podem tirar de um homem menos sua cultura*", repetia sempre.

Anos de chumbo

João Goulart em seu último pronunciamento ao povo

Olympio muda-se da Glória para o Flamengo, continua em "O Cruzeiro", e também escreve para o jornal "Correio da Manhã", produzindo preferencialmente crônicas sobre economia e finanças.

Os anos 60 haviam iniciado com a renúncia de um presidente, passando pelo parlamentarismo, retornando ao presidencialismo até o golpe, onde se veem, em lados opostos, membros e aliados de Getúlio e de João Goulart. Comunistas, nacionalistas, fascistas e oportunistas.

Apostando nos ditadores, estavam Filinto Müller, agora senador, e o sempre golpista Dutra, impaciente na sala de espera da ditadura, lutando para voltar à presidência, mas sendo preterido por Castelo Branco.

No dia 12 de dezembro de 1962, estava consternado, pois as notícias vindas da cidade de Santos eram péssimas. Pagu acabara de falecer. Foram 23 prisões, lembrou-se.

Era o início da década. Como economista, Olympio participava de um grupo de estudos e discussões com o também economista Celso Furtado e outros integrantes do governo de João Goulart para a formulação das famosas reformas de base.

Depois de muita discussão e análise dos projetos apresentados por eles ao governo, Olympio se mostra totalmente incrédulo com relação aos possíveis resultados práticos:

"Embora concluíssemos um documento de mais de 300 páginas, com a participação de economistas, advogados, sociólogos e várias classes de trabalhadores e intelectuais, nosso trabalho no grupo não foi sequer lido pelo congresso, composto por políticos sem qualquer qualificação e interesse pelos reais problemas do Brasil.

A divulgação esperada pela imprensa não ocorreu, os resultados não chegaram aos leitores. Jornais como "Correio da Manhã" e "Folha de São Paulo" bem como os manifestos do

Instituto dos Advogados, nada citaram.

Essa atitude negativa dos elementos mais representativos da nação, com relação às mudanças necessárias, colocam em dúvida o nível de cultura da imprensa e a qualidade pessoal tanto da esquerda quanto da direita em nosso país.

Nossos políticos estão mais preocupados com suas promessas falsas e miraculosas, do que com o desenvolvimento social e econômico do Brasil.

Seguem-se a eles, a nossa parcial e desinformada imprensa."

O Golpe de Estado no Brasil em 1964 foi resultado de um conjunto de eventos políticos desestabilizadores ocorridos até 31 de março do mesmo ano.

Era um golpe anunciado, que só havia sido adiado, 10 anos antes, pelo suicídio de Getúlio, que causou comoção social e impediu as elites econômicas e o exército de o deflagarem. O suicídio fora o "golpe de mestre" de Vargas.

Com o golpe militar, que encerrou o governo do presidente democraticamente eleito João Goulart, também foram encerradas a democracia e a fase de conquistas populares.

Ao tratar da política econômica do governo militar em suas análises quase diárias no Correio da Manhã, Olympio passa a ser visado pela ditadura militar.

"A economia nacional precipita-se para uma situação insustentável de insolvência, pela descapitalização avassaladora a que agora submete a voracidade fiscal, decretada aos trambolhões por um Congresso totalmente divorciado da realidade Brasileira. Tem-se a impressão amarga de que o país acaba de sair de uma guerra, cujos vencedores lhe impõem um regime tributário sem outro objetivo que o de aniquilar qualquer possibilidade de reação econômica."

Se da política Olympio não mais participava, na economia era ativo e ferrenho opositor dos rumos tomados pelo gabinete golpista.

No final de 1964, começou a combater a política contra a inflação, considerada por ele recessiva e prejudicial ao desenvolvimento, ao trabalhador e ao empresário.

Baixar índices inflacionários com recessão era obviamente o fim de toda estrutura implantada para o desenvolvimento social e econômico.

"Ninguém ainda conseguiu compreender o verdadeiro sentido da política de "desinfla-

ção" abraçada pelo governo, que insiste em afirmar contra a evidência constrangedora dos fatos e dos números, que a Nação, acaba de vencer os efeitos terríveis de quatro pragas – a péssima safra, a estagnação econômica, a crise politico-administrativa e a hiperinflação".

Em suas matérias, Olympio Guilherme critica a divulgação de índices econômicos, sempre favoráveis à política econômica do governo, fora da realidade e com a intenção de iludir e acalmar a população.

"O momento econômico nacional não pode ser observado parcialmente, apenas pela luz dos índices do custo de vida, sob pena de conduzir a opinião pública como está acontecendo, a conclusões que fogem inteiramente à realidade. Sem dúvidas as flutuações do custo de vida têm importância especial para a justa apreciação de uma estrutura econômica, mas elas representam apenas um, de muitos elementos necessários à segura avaliação do conjunto, sobretudo quando se pretende emprestar análise ao conteúdo mais técnico do que político".

Era patente o desconforto de Olympio Guilherme com a situação do país.

Ele tenta demonstrar em suas colunas diárias que conter a inflação, sem gerar rendas e empregos não é a solução para o Brasil, pois a inflação só é contida pela falta total de dinheiro, resultante do empobrecimento do Brasil.

"O que está acontecendo gera queda de produção e consequente desemprego, tornando-se um ciclo vicioso rumo ao caos social."

Em mensagem enviada pelo executivo ao Congresso Nacional, suas críticas aumentam àquilo que chama de confisco de salários e rendimentos de qualquer título superior a CR$ 600.000 mensais. Um absurdo, principalmente, por sua inconstitucionalidade.

Olympio continua dividindo seu tempo entre a família, viagens e trabalho.

O Cruzeiro ainda é a principal revista do Brasil e Olympio Guilherme, jornalista experiente, exercita-se também em outros continentes. Não diminui o ritmo das palestras e rotineiramente vai a São Paulo. Mas não se ausenta muito tempo da zona norte do Rio, onde mora sua filha Bonina.

Seus grandes momentos de descontração acontecem quando passeia com a filhinha pelo Horto Florestal e outros recantos da Capital Federal.

A relação com a menina o transforma, a paternidade é um sonho realizado, embora com os sobressaltos impostos pela situação. Ainda assim rejuvenesce e se desfaz em carinhos pela pequena.

Uma reportagem de Olympio para O Cruzeiro

Suas atividades jornalísticas e análises não param, agora com relação à Petrobras. Ressalta sua importância estratégica e fundamental para o desenvolvimento do Brasil, mas critica o modelo administrativo obsoleto e corrupto, que precisa ser mudado. Fala do premeditado bloqueio financeiro imposto à estatal para uma redução de recursos. Trata também da clara interferência do exterior que, como já visto na época de sua criação, contraria os interesses de empresas estrangeiras, que bancaram a crise no governo Getúlio.

Quanto ao plano de habitação, que diziam ser obra prima do governo militar, Olympio Guilherme expõe as mudanças de última hora e critica veementemente a majoração nos preços agora extorsivos, com juros de pura rapinagem. "Não é um plano para a classe baixa, que mais necessita de moradias".

PONTO VULNERÁVEL DO PLANO HABITACIONAL

Olympio Guilherme

O Plano Nacional de Habitação foi lançado pelo govêrno como a obra-prima e fundamental da revolução. A nação recebeu-o como uma bênção caída do céu justamente no instante em que a crise da construção civil — a maior indústria nacional — atingia seu ponto mais dramático, em meio à especulação clamorosa de preços extorsivos e a juros de pura rapinagem.

Concebido às pressas pelo Ministério do Planejamento e submetido de afogadilho à aprovação do Congresso, o Plano original sofreu mutilações e enxertos que acabaram por lhe desfigurar a própria estrutura técnica.

De maneira que, ao ser, posteriormente, analisado em profundidade pelos economistas incumbidos de realizar as necessárias projeções, de pronto se constatou que, ao lado de seus muitos aspectos positivos, o Plano continha disposições negativas e impraticáveis, do que resultou a decisão sumária de se atacarem os pontos positivos a se deixar para as calendas tudo quanto fôsse considerado irrealizável.

Em palestras proferidas nas faculdades, sindicatos e associações por todo o Brasil, deixa clara a sua luta pela integração da América Latina como a única saída social e econômica para os povos desses países.

Um dos principais golpes contra as empresas nacionais acontecia com a Panair. A principal companhia de aviação nacional tem suas operações aéreas abruptamente encerradas em 10 de fevereiro de 1965, devido a um decreto do governo militar, que suspendeu suas linhas. Passageiros que acabavam de embarcar no aeroporto do Galeão, no Rio de Janeiro, eram retirados da aeronave e reembarcados em voos da Varig, a empresa apoiada pelos golpistas.

PETROBRÁS: A CRISE DE DIVISAS

Olympio Guilherme

Depois da infeliz série de crises que nestes últimos tempos têm abalado tão profundamente o bom conceito financeiro da Petrobrás, e acabaram em certo momento, por lhe estremecer o próprio crédito no exterior, tudo parecia ter caído na rotina de sempre, entre anúncios periódicos de grandes descobertas de óleo aqui e acolá. Hoje, porém, ninguém por aí desconhece que a situação da grande emprêsa estatal é sumamente grave — interna e externamente. Internamente, porque sua obsoleta organização administrativa de há muito deixou de funcionar como elemento coordenador ou disciplinador da complexa estrutura, o que conduz a improvisações e adaptações responsáveis pela descontinuidade de normas que, para serem válidas, precisariam ter sido concebidas dentro de um planejamento geral. Externamente, porque a crise cambial brasileira criou para a Petrobrás uma situação insustentável de desequilíbrio financeiro, considerada, pelos seus credores externos, coco irrecuperável, a não ser que providências imediatas possam ser tomadas a qualquer preço.

Uma de suas mais importantes batalhas nesse momento é pelo desenvolvimento da Amazônia sem a interferência exterior que vinha ocorrendo e com a preservação necessária em determinados setores.

Nesse sentido, apoia o governador do estado do Amazonas contra a implantação de Centros de Pesquisas Tropicais e de Experimentação da Amazônia, com sede em Washington, "a se transformar numa segunda ponta-de-lança para a execução de um plano diabólico para a internacionalização de nossa Hileia."

- Governador? Estarei aí na próxima semana, faremos uma grande reportagem para a revista e alguns jornais que já se interessaram em divulgar a matéria. Existem grupos ligados à preservação de nossas matas, que também nos

darão apoio, mas são poucos, ainda assim eles são importantes para a compreensão popular do assunto.

- Os militares estão entregando nossa floresta sem sequer saber o que pode existir nela.

- Esse é o ponto, não apenas os minérios, mas a falta de estudos sobre nossas florestas é o que mais me espanta.

Com suas críticas econômicas e sociais, Olympio Guilherme vai insuflando o rancor dos militares. Embora ele não critique nominalmente os golpistas, suas matérias econômicas, sociais, ambientais e administrativas acertam no alvo do ego golpista.

Debruçado em sua máquina de escrever, recebe a visita de amigos, com os quais demonstra sua irritação.

"Mudou a capital, mas não mudaram os costumes e nem a qualidade dos nossos políticos.

Nosso país não muda, a cada passo para frente, nos fazem voltar dois. Tem sido assim desde a monarquia".

Resmunga, entre um gole e outro, do café ainda quente.

Mesmo criticando duramente a política econômica e exterior do governo militar, Olympio se contém em relação à política de truculência e censura.

Aos amigos mais próximos, confidencia seu descontentamento pelos rumos de uma ditadura que se transforma rapidamente em corrupta, perseguidora, sangrenta e entreguista.

"Não há comparação com o Estado Novo, em que pesem as prisões, não havia torturas sistemáticas, embora saibamos que o Filinto (Filinto Strubing Müller) muitas vezes tenha abusado e usado de prisões ilegais, o que ainda não justificaria, mas não eram como as de hoje e muitas vezes sequer sabíamos, o alemão estava louco, na maior parte das vezes nem o presidente tomava conhecimento, mas isso foi corrigido, mesmo que tenha demorado. Não pelos mesmos motivos. Os propósitos são contrários. Lá no passado era criar um país soberano. Aqui se trata de entregar o Brasil aos capitalistas estrangeiros e diminuir as possibilidades de uma vida melhor para todos. É o assassinato do futuro.

Getúlio queria um Brasil para o povo, os brasileiros, o militares de hoje estão rifando o país.

Getúlio era obrigado a conter a oposição, que hoje está no poder, manda, e lá não aceitava mudanças. Éramos obrigados a contê-los. E junto com eles uma esquerda honesta e bem intencionada, intelectualizada e equivocada a respeito de métodos e ação na luta.

Hoje os militares fazem o jogo daqueles opositores das mudanças populares e querem acabar com os direitos contendo o povo, só o povo."

As observações de Olympio sempre referem-se ao setor cultural do DIP, para comparações com a atual crise econômica, social, cultural e democrática.

"O expediente ora adotado é o reverso do processo que colocamos em ação no Estado Novo, onde nos aproximamos da intelectualidade brasileira, para termos um grande processo e oxigenação cultural e transformar o Brasil a partir de duas, ou três gerações.

Os militares estão totalmente focados em destruir nosso trabalho. Os perseguidos, torturados e exilados de hoje, são aquelas gerações que preparamos para pensarem o futuro do país. Enquanto seguíamos a linha de um Brasil intelectualmente fortalecido e soberano, censurando tudo o que era nocivo à nação, os militares destroem os laços culturais, aniquilando o que é nocivo a eles.

As gerações que se formaram a partir de 1960 e se aprimorariam nos anos seguintes, estão sendo perseguidas, torturadas e exiladas.

O processo de depuração cultural e a manutenção dos bons foi substituída pelo extermínio da intelectualidade e a criação de um lixo cultural como forma de facilitar a manipulação e conservar as benesses do poder apenas para uma casta.

O cinema é um exemplo, se transforma rapidamente num show de horrores para o divertimento vil de uma população ignorante. Permitem-se apenas as pornochanchadas e documentários mentirosos enaltecendo o golpe. A música de boa qualidade é substituída por refrãos ufanistas e burros. O povo perdeu o direito a pensar sem perceber o que ocorre.

A Tropicália de hoje é a semana de 22 repetindo-se, com música, artes plásticas, costumes, tudo fruto de uma geração que teve educação e cultura, mas seus criadores são perseguidos, pois produzem a arte que leva a pensar, e são substituídos por artistas chulos.

Não existe no governo militar a censura ao produto obviamente ruim, para a promoção da qualidade. Promove-se a imbecilidade para que a população se desacostume a pensar e se mantenha dócil como eunucos domados. É o reverso do projeto do Estado Novo. A ditadura se expande quando a manipulação gera a submissão. Só possível na ignorância.

Nesse ritmo não imagino o que será a geração dos anos 80 e 90, qual será o tipo de população que teremos nos anos 2000.

O Brasil será intelectualmente pobre, dominado por memoráveis corruptos, manipulados por grandes corporações, com uma população teleguiada e conivente com mentiras, que possam ser criadas.

Esse processo constante de extermínio intelectual do país terá um efeito gravíssimo na soberania nacional. Seremos propensos interna e externamente a todo o tipo de manipulação social e política. Uma nação não é uma delimitação geográfica, mas a unificação cultural de seu povo."

Para muitos era difícil entender as palavras de Olympio Guilherme. Seus conceitos sobre nação e cultura como geradora de soberania são pouco discutidos nesses anos obscuros de ditadura militar, pela falta de liberdade, ou pela falta de conhecimento.

Golpe Militar de 1964 e abaixo, o uso do futebol pela ditadura.

Em tempos de milagre econômico

Próximo à sua casa, no Flamengo, Olympio costuma parar numa banca de revistas, sua passagem diária, onde se abastece das últimas notícias nas manchetes do dia e entretém-se com alguns minutos de conversa com o jornaleiro amigo e vizinhos:

- Mas o senhor não acha que apesar de tudo evoluímos só pelo fato de sairmos da monarquia para a república?

- Saímos da monarquia por um golpe insuflado por barões de café e coronéis do açúcar, que descobriram que as intenções da casa real era a indenização dos ex-escravos, com terras dos próprios fazendeiros e não da nação.

Não se tratava também de um ato

de humanidade da realeza, mas pressão euro-
peia, que pretendia diminuir o poder de grandes
proprietários no Brasil.

Vivemos de golpes. Golpes, após
golpes. Não temos uma democracia duradoura
e nossa república repete os erros da monarquia,
privilegiando a classe alta e mantendo na igno-
rância a nossa população. Jamais teremos uma
democracia que represente o povo, um estado
que promova as necessidades e guarde nossa
soberania.

Os anos setenta iniciaram-se sob a égide do medo nos gritos de gols.

Olympio Guilherme apenas observa. Observa as mudanças com profunda tristeza. O Brasil estava pobre social e culturalmente, a economia era um desastre e o futuro anunciava dias piores.

Políticos pusilânimes aceitavam tudo calados e faziam parte do espetáculo de horror, poucos eram os que se levantavam e alguns de forma grotesca e juvenil. Não se via luz no fim do túnel.

A democracia covardemente torturada, assassinada e a cultura exilada. As leis transformadas e manipuladas, a constituição rasgada.

"Economicamente destruído e sem

nossa soberania seremos presas fáceis.

Não acredito em futuro. Não acredito na democracia quando não há participação consciente. O povo só é ouvido nas eleições, quando não estão suspensas, e sua resposta é dada de acordo com a manipulação previamente estudada.

De certo modo estamos adquirindo as mesmas características dos norte-americanos."

Seu prazer pela política e economia é substituído pelo carinho com sua filha. Bonina, agora maior, torna-se o centro de suas atenções.

É difícil não notar sua alegria quando lhe perguntam sobre a garota. Ela era como a poesia de Pagu que, meio século antes, havia transformado sua vida e o havia feito a sonhar.

Bonina era boa aluna e estudiosa, primeira da classe sempre, e grande parte de sua motivação vinha do pai, que nunca deixou de incentivá-la. Quando ficou mais velha, por volta dos doze anos de idade, ele pedia para que ela levasse ao seu escritório da Goyana em Santa Teresa as suas composições, para que ele as corrigisse e desse sua opinião.

Com onze anos já tinha lido todos os livros de Monteiro Lobato presenteados pelo pai. A leitura torna-se uma paixão espontânea. E o pai vai marcando a vida da filha com suas atitudes carinhosas e positivas, abrindo horizontes e ampliando sua cultura.

A garota é matriculada em uma escola de inglês e na Aliança Francesa. Estuda música, principalmente acordeom, faz natação, estuda em escola particular no primário e faz o secundário no Colégio Militar.

Seu destino mostrava-se bem diferente daquele de sua mãe, que, depois do trabalho como doméstica, passou grande parte de sua vida trabalhando com costura. Ainda assim conseguiu arrumar um tempo para estudar e passar em um concurso, tornando-se secretária no serviço público.

Em meados do ano de 1972, Bonina passou três meses sem notícias do pai. Já imaginava-se abandonada quando, finalmente, surgiu alguém para avisá-la que seu pai se afastara em virtude de um enfarto do miocárdio e um consequente tratamento em São Paulo, com o Dr. Euryclides de Jesus Zerbini, que desde 1968 já realizava transplantes do coração, tornando-se a maior autoridade em tratamentos cardíacos, na América Latina.

O importante era que Olympio estava bem, se não totalmente em forma, mas temporariamente fora de perigo. Pai e filha tinham muito a conversar.

O último livro que Olympio Guilherme lançaria foi censurado pela ditadura ainda na gráfica, levando-o a sentir o gosto amargo de uma derrota que não era só dele, mas de todos os brasileiros, de todos que sonharam com independência, democracia, soberania e justiça.

Caminhando pelas ruas do Flamengo ele sentia aumentar seu cansaço e suas angústias afloravam. Seus frequentes passeios pelo bairro diminuem, diminui a distância percorrida e o ritmo torna-se mais lento.

Olhando uma capa de revista, lembrou-se de Sartre em uma palestra em Paris –*"terá sido em 1950 ou 1952?"* - indaga-se. Sua mente parecia combinar com o coração, que apresentava as primeiras falhas.

Caminha lento e confirma consigo:

"Era isso... a função do intelectual é despertar consciências, impedindo que os homens se alienem ou se resignem diante das interrogações à sua volta".

E pensava:

"No DIP demos apoio à intelectualidade para alicerçar uma sociedade evoluída, mas o atual governo promove a desintegração da mesma, como forma de manutenção do poder."

Embora preferisse o turfe ao futebol, ao passar pela sede do Clube que leva o nome do bairro, lembra-se do time de sua cidade, campeão de 1966. Uma saudade estranha o faz recordar os campos de terra batida na cidade natal.

Olympio se vê garoto correndo ao lado do trem

na estação de ferro, ouvindo o ranger dos trilhos, o apito cansado, a fumaça que encobria o horizonte.

O centro de Bragança, a mudança para São Paulo, a Gazeta onde tudo começou e Hollywood. Da fábrica de sonhos chamada cinema, aos sonhos de um povo carente, em um governo popular. Tudo era sonho e como sempre eles acabam com os despertadores dos golpes.

Por onde andariam Lúcio, Valentin, Irarah, Vicentini?

Greta continuava linda, já não era mais uma estrela, tornara-se o centro de uma constelação de estrelas hollywoodianas, que ainda hoje, nela se espelham e imitam.

Vera, depois conhecida por Geraldine, estava mentalmente abalada. Havia desenvolvido uma dupla personalidade, vestia-se, falava e portava-se como Garbo ou fechava-se em depressão, segundo as revistas de fofocas de Hollywood.

"Nossos sonhos frustrados que nos trouxeram sonhadores, de volta para ilusões mais módicas.

Não, Lúcio Aranha não era meu alter ego como as revistas de fofocas fizeram o público crer.

Sim, Vera tornou-se Garbo, até o limite do quase impossível reconhecimento público da atriz, vendo-se reduzida a nada pelos empresá-

rios cinematográficos e à dupla personalidade por tantos sonhos reduzidos a uma sombra.

Mas se todos sonhamos com poucas chances de realização, pelo menos sonhei alto, o custo quase sempre é o mesmo, a desilusão.

Sonhei com o cinema a serviço de mudanças e avanços sociais, com um governo convergindo para atendimento a sua população e o nascimento de uma geração soberana, assim como Vera sonhou ser Garbo e Lúcio em ter Vera."

Suas memórias de infância e juventude carregam sua visão enquanto caminha. Olha para o Aterro e sorri, como se estivesse conversando com um amigo em um bar e, sorrindo, balbucia algumas palavras, *"e o Carlos, quem diria, acabou sendo governador..."* Sorri.

Assim como Hollywood, o filme de sua vida tinha grandes personagens e cenários maravilhosos.

Tinha erros como apoiar Lacerda, confessou durante sua internação em São Paulo, e uma discussão, nunca revelada, com Orson Welles, em 1942, quando o cineasta a serviço do governo Americano, na famosa "Política da Boa Vizinhança", tenta mostrar a realidade das favelas cariocas, sendo dissuadido pelo DIP, sob a alegação de prejuízos ao turismo.

Alegrias e a maior de todas as angústias: toda

evolução sociocultural estava se transformando rapidamente em retrocesso. No cenário da vida não se reservam finais felizes para o povo, para isso existe Hollywood.

Foram quatorze livros e reportagens especiais pelo mundo. Milhares de artigos. Grandes mulheres, romances, uma filha amada e muita política. Seu caso com Pagu fora tão surreal quanto a política brasileira nesses tempos de ditadura. Sim, uma história completa, tão rica quanto "Fome".

Um coração cansado

Em janeiro de 1973, deitado, assim como uma vez dissera numa entrevista para a Cinearte que desejaria morrer, Olympio Guilherme lembra-se da filha, do último abraço, e pensa naquele que não seria dado.

Sua trajetória com Getúlio, o sorriso de Pagu, a tentativa de fazer um novo Brasil, viagens, continentes, África, Estados Unidos, Bolívia, a Fome. Um turbilhão de lembranças o remete para a estação de trem de Hollywood, talvez não. Talvez fosse apenas a estação de sua infância, onde tomou assento para embarcar rumo ao mundo.

Era a hora de embarcar.

Seu último trem estava partindo do interior do estado de São Paulo para o Rio de Janeiro, com escala em Hollywood...

-Último aviso, ao embarque, por favor...
Último aviso...

Ele ainda ouviu um apito agudo e longo. Sentiu o cheiro da fumaça. Acenou para as crianças que corriam ao lado dos trilhos... Ele era uma delas.

- Vamos partir...
Aos seus lugares... Último aviso...

"O trem deu um arranco, as molas perras dos carros rangeram; os freios de ar comprimido silvaram, como um bando de moleques vaiando; e, resfolegando com seu pulmão de ferro, o trem deslizou, lentamente envolvendo a estação em rolos pardos de fumaça"...

Sobre Olympio Guilherme, por sua filha:

Tenho algumas lembranças de certas frustrações de meu pai, pois muitas de suas iniciativas não foram adiante, ou foram interrompidas depois, ou por ter sido injustiçado, ou traído por pessoas próximas.

O filme Fome que ele dirigiu em Holywood e desapareceu com o tempo.

Foram muitas aventuras e desventuras para uma pessoa tão além de sua época. Levei muito tempo para entender suas dores e sua morte pelo coração.

Ele tinha três irmãs, minhas tias Maria de Lurdes, Maria Amália e Irmã Trindade e três irmãos.

Sobre o falecimento de meu pai:

Quando meu pai morreu, já fazia tempo que eu não o via, pois estivera internado em algumas oportunidades e quando retornava não saía dos arredores de sua residência, no Flamengo. Mal tínhamos notícias de seu estado.

No momento em que minha avó Pierina entrou lá em casa, com lágrimas nos olhos, eu sabia que alguma coisa estava errada. Um frio provocou-me um tremor, que eu nunca tinha sentido.

Ela olhou-me com muita dor, e antes que começasse a falar eu já sabia tudo o que ela iria contar.

Enfim, a péssima notícia.

Passei a lembrar dos passeios, presentes, de todo o carinho que ele me dedicara. Da falta que faria e de como seria a vida sem meu pai.

Minha mãe trouxe-me um copo de água e pediu-

me para sentar. Finalmente minhas verdades estavam sendo expostas.

Aquilo era demais para um dia já triste. Outra família e o anúncio de que eu não poderia ir ao velório para dar o último beijo em meu pai. Eu era a filha proibida. Tinha 14 anos e toda minha história até então tinha sido ocultada.

O choque de sua morte, o choque por outra família, o choque por estar proibida de vê-lo pela ultima vez... Foi tudo muito forte para mim, mas mesmo jovem não me deixei vencer pelos choques e imposições. Eu disse que este era o meu direito como sua filha e este teria sido o seu desejo.

Pierina me acompanhou. Minha mãe não iria para não causar mais constrangimento e comoção. Levou-me até a porta do carro de uma amiga e me deu um beijo. Ela também não sabia o que fazer, seus olhos estavam cheios de lágrimas.

Entramos no cemitério São João Batista em Botafogo. Procurávamos a sala de velório onde meu pai estaria junto a sua família, quando Pierina me instruiu para entrar discretamente e não falar com ninguém. E assim foi.

Mas não passei despercebida. Eu era muito parecida com ele e quando sua família me viu e viu meu estado de choque houve um grande burburinho.

Pude ficar apenas alguns minutos bem perto dele, então Pierina teve que me retirar porque eu chorava muito e não conseguia conter a minha dor.

Ao sair, uma senhora veio atrás perguntar quem eu era, mas não me lembro se dei-lhe ou não uma resposta.

Voltar para casa foi um grande sofrimento. Era a

consciência de que estaria agora ainda mais longe da pessoa que eu mais amava neste mundo e a quem não poderia mais encontrar.

Dias depois, tive a visita de um advogado, ele queria saber se eu iria entrar na justiça para requisitar a parte que me cabia na divisão dos bens.

Nada daquilo me interessava, meu único interesse era meu pai. Olympio Guilherme...

A herança maior que recebi de meu pai foi o arquivo de suas Memórias, um relato de episódios políticos interessantes escritos nas proximidades de sua morte. É a história de um homem que viveu muito à frente de seu tempo e que contém parte da própria história do Brasil.

Raphael Olympio Guilherme Moran, o neto e sua câmera.

Quatro anos após sua morte, me formei professora, como ele queria, mas fui fazer um trabalho social numa comunidade carente em Petrópolis no projeto (Casa da Paz) de uma ONG da cidade, de Waldemar Boff (irmão de

Leonardo Boff), cuja verba vinha da Itália, para onde tive a oportunidade de viajar. Passei por vários países da Europa até chegar à Inglaterra, onde fiz um curso de artes dentro da linha antroposófica. Aqui conheci Steve, nos casamos e criamos nosso filho.

Hoje meu filho Raphael Olympio Guilherme Moran, neto de Olympio Guilherme, sabe de nossa história e quem foi seu avô.

Bonina Guilherme Moran
Londres, Dezembro, 2016.

Posfácio

Antonio Sonsin retornou ao prelo depois das provocações postas nos livros "República Socialista do Paraguay", "As rainhas da noite", "Minhas vidas virtuais" e em outros títulos longe da zona de conforto. Editou a Revista Verdade que se constituiu num corajoso chamamento à luta pela libertação plena do ser humano.

Para quem navega nas águas turvas e pedregosas de um país de desigualdades escravas, impossível passar despercebida a saga de Olympio Guilherme. A vida do Rodolfo Valentino de Bragança Paulista daria um romance. E deu, na obra e arte de Sonsin.

A narrativa parte da totalidade social para alcançar o particular. O autor optou por uma contextualização histórico-política bem suave, com ênfase no personagem central, devido aos cuidados biográficos dos escritos. Nem por isso o transformou num herói açucarado ou num amante perfeito, à moda e crença de Hollywood. Imprimiu coerentemente uma linguagem realista e cativante. A forma e o conteúdo formam uma unidade perfeita. Influência de Gramsci?

O leitor delicia-se com as vivências incríveis do protagonista, de fazer inveja ao mais crédulo dos aventureiros, mas também, com certeza, se sente estarrecido com a senzala dos atores construída no derredor das empresas cinematográficas. Descobre a alienação projetada sorrateiramente nas telas dos cinemas, como também se condói com as cruéis dificuldades suportadas pelos imigrantes em terras estadunidenses. O American way of life existe apenas para quem encontra o pote de ouro homiziado aos pés do arco-íris.

O autor revela nas entrelinhas da História do Brasil o processo viciado das transformações sociopolíticas ocorridas no desenrolar das primeiras décadas dos novecentos.

A luta entre as megacorporações internacionais pela hegemonia dos lucros, com o apoio de políticos corruptos, não acaba nunca. Daí se dizer que a história se repete; que tudo é sempre igual, que apenas mudam as moscas.

O impacto das trágicas notícias reveladas por Sonsin, até então reféns dos arquivos da mídia dominante, bagunça as mentes, até as mais traquejadas, como de costume.

Marcou a vida de Olympio Guilherme (1902-1973) o dissenso ideológico entre o capitalismo e o comunismo.

Esclareça-se. A partir de 1970, uma contrarrevolução burguesa edifica as bases do neoliberalismo. A União das Repúblicas Socialistas Soviéticas – URSS, paradigma do proletariado, nascida na Revolução Russa de 1917, sucumbe em 1991.

Esse novo mundo pós-moderno, obviamente, não inclui o personagem central, nem as preocupações do autor. Destaco apenas para não se cair na tentação de analisar os fatos com as lentes globalizantes do final do século 20 e início do 21. Observe-se que o Partido dos Trabalhadores – PT não se filia à ideologia da luta de classes. Petismo e comunismo possuem estratégias e táticas absolutamente distintas. Não se confundem. O designativo "de esquerda" é, pois amplo e vago.

Pois bem, enquanto repórter em início de carreira, na capital paulista, Olympio conviveu com os fundadores do Partido Comunista Brasileiro – PCB, namorou com Patrícia Rehder Galvão – a Pagu, primeira prisioneira política do país, e ainda participou dos desdobramentos da Semana de Arte Moderna de 1922. Não foi seduzido ideologicamente. Manteve-se fiel à sólida formação conservadora, sedimentada desde a escola de primeiras letras.

Depois, como vimos, o destino o desembarcou em Hollywood, na segunda metade da década de 20 dos mil e novecentos. Nessa época a miséria já campeava entre os pobres da América. A vitória do comunismo de Marx e Lênin na Rússia de 1917 empolgou a classe trabalhadora de todo mundo. Uni-vos!

O clamor revolucionário estremeceu as artes. Nos EUA, John Reed publica "Dez dias que abalaram o mundo"; John Steinbeck escreve "Vinhas da Ira" e Michael Gold revela a amarga existência dos "Judeus sem dinheiro". O cinema recepciona o humanismo crítico de Chaplin e de Brecht. A guerra 1914-1918 só piorou o cenário da grande depressão.

Vítima de um estelionato publicitário da FOX, Olympio viu-se na rua da amargura. Sobreviveu a duras penas. Sentiu na pele o drama do estômago vazio. Produziu e dirigiu um filme independente. Nada mais natural que retratasse a face mais cruel da FOME, exposta sem pudor nas esquinas e calçadas de Hollywood. Uma advertência explícita à cegueira dos governantes. O povo bradava por reformas sociais urgentes. Era preciso conter os ânimos desvairados sedentos de justiça.

A ruptura com o modelo alienante da fábrica de sonhos, construído em estúdios e cenários, custou-lhe inédita censura decretada pelo Congresso ianque. Proibiram a exibição do filme. Burrice da grossa. O comunismo era inteligente e verdadeiro. Só a sagacidade e preparo poderiam barrar a revolução Bolchevique. A violência, ao contrário, alimentava e fortalecia a luta operária.

De volta ao Brasil, trouxe na bagagem os conceitos de embate ideológico que defendeu nos EUA. Ao exercer altos cargos durante a vigência do Estado Novo, regime ditatorial instalado por Vargas em 1937, Olympio põe em prática suas ideias. Nos bastidores do governo opunha-se ao barbarismo de Filinto Strubing Müller, então chefe da polícia política, acusado de torturar e assassinar presos políticos. Prendeu Luís Carlos Prestes e deportou a judia alemã Olga Benário, grávida, entregando-a aos apetites nazistas.

Getúlio apoiou a ambos. Duas correntes distintas se formaram no governo. Olympio elimina o ranço do Departamento de Imprensa e Propaganda – DIP - e contrata os mais qualificados jornalistas e literatos do país, independentemente das convicções ideológicas. Um vezo democrático nas entranhas do autoritarismo. Tarefa das mais difíceis, que exigia traquejo e muita habilidade no trato dos desiguais, qualidades esbanjadas por Getúlio, o grande mestre da luta pelo poder. Com o advento da redemocratização do país, após do término da Segunda Grande Guerra em 1945, a repressão aos pecebistas deixou de ser explícita.

Então, um golpe civil-midiático-militar acontece no Brasil em 1964, com os canhões apontados mais uma vez contra os comunistas e assemelhados, ditos subversivos. Olympio Guilherme critica novamente o uso da violência policial. Aponta os erros da política econômica conduzida por Delfim Neto, pai da dívida pública regada a juros astronômicos.

Em Hollywood: Uma História do Brasil, Sonsin narra as peripécias existenciais de um bragantino avesso à revolução do proletariado, inteligente e culto, que tentou mostrar aos coronéis da classe hegemônica a desnecessidade do uso da violência para garantir a perenidade do poder.

Nessa linha, o golpe parlamentar-midiático-judicial de 2016, sem a participação direta dos militares, com pretenso apoio em dispositivo da Constituição Cidadã de 1988, pretendeu, através do Impeachment da presidente Dilma Rousseff, dar foro de legalidade ao açambarcamento abrupto e ilegítimo do poder.

As teses de Olympio Guilherme afinal foram reconhecidas? Acredito que não.

A prática neoliberal (globalização, financeirização ou mundialização) é incompatível com os princípios da democracia liberal. Bem por isso as aparências e simulações golpistas, em curso no Brasil, vestem pele de cordeiro. Os principais cargos dos poderes da República são preenchidos a dedo. Os protestos nas ruas, avenidas e sacadas, são manipulados pela telinha da televisão engajada com a nova ordem mundial. O capital financeiro banca os custos da pressão popular. Mantêm-se exércitos imbatíveis para a alegria dos lucros da indústria bélica. A barbárie tomou conta do planeta. Para cada foco de resistência uma ameaça diferente.

Mas, apesar da escuridão no túnel de travessia, continuo acreditando na força da transformação qualitativa da vida em sociedade.

Gilberto Sant'anna
Advogado, ex-prefeito da cidade de Atibaia.
Fevereiro - 2017

"Só conseguimos deitar no papel os nossos sentimentos, a nossa vida. Arte é sangue, é carne. Além disso, não há nada. As nossas personagens são pedaços de nós mesmos, só podemos expor o que somos".

"O artista deve procurar dizer a verdade. Não a grande verdade, naturalmente. Pequenas verdades, essas que são nossas conhecidas."

"Nunca pude sair de mim mesmo. Só posso escrever o que sou. E se as personagens se comportam de modos diferentes, é porque não sou um só."

Graciliano Ramos

Consultas:

No ano de 2000, na roda de amigos na pracinha do interior, o Chico Experiência me falou que andava procurando o filme Fome, de Olympio Guilherme. Dizia ele, que numa foto antiga, de postes da Empresa Elétrica Bragantina, tinha visto um anúncio do filme em um ponto de alguma cidade, onde a "Bragantina" explorava o serviço. Ai começamos a procurar o filme.

Posteriormente, ao escrever sobre personagens da minha cidade encontrei o Dr. Carlos Russomano, filho de Oswaldo, maior amigo de Olympio Guilherme da cidade de Bragança Paulista.

O Dr. Carlos me mostrou algumas cartas e contou sua convivência com Olympio desde criança.

Comecei a pesquisar, mas ainda esporadicamente. Encontrei o livro Hollywood de Olympio Guilherme em um sebo virtual, mas já estava vendido. Só consegui ler a história quando o Guto La Salvia me emprestou seu exemplar, adquirido no Mercado Livre.

Na internet fui encontrando algumas passagens, documentos e estudos, entre os quais "A Ilusão da Imagem - O Sonho do Estrelismo Brasileiro em Hollywood" de Isabella Regina Oliveira Goulart.

Posteriormente encontrei "Geraldo Ferraz e Patrícia Galvão": a experiência do suplemento literário do Diário de São Paulo, nos anos 40, um trabalho de Juliana Cu-

nha Lima Neves.

De Jason Borge da Universidade de Wisconsin, muitas citações sobre Olympio e Hollywood.

Em Carmen - Uma Biografia. De Ruy Castro algumas citações equivocadas.

Com o trabalho de Edson Martins, "Nem monstros, nem deuses. A música popular sob o Estado Novo" (1937-1945) consegui entender melhor o trabalho do DIP no governo Getúlio Vargas, à luz do que havia compreendido do pensamento de Olympio Guilherme sobre a cultura.

De Fernando de Moraes, um dos principais escritores políticos atuais, lendo Chatô, encontrei a história do tiro, mas um pouco diferente daquilo que realmente aconteceu e constava das memórias de Olympio.

No Acervo da Biblioteca Nacional consultei jornais e revistas com citações, ou artigos de Olympio.

Ainda faltava alguma coisa, quando que Bonina Moran procurava uma cópia do filme "Fome". A mesma busca de Chico no ano de 2000.

Bonina era a filha e a partir dali eu tinha como juntar os dados de varias histórias: A história do jornalista, do ator, do diretor, do escritor, do assessor dedicado à criação de uma geração culta, do economista, do pai...

Hollywood - Do tempo em que editoras publicavam livros com conteúdos e ajudavam a criar gerações conscientes.

Veja fotos, filmes, detalhes e opiniões através do Código QR, em seu Smartphone

Leia ao som de Villa Lobos